現實社會

就是這樣，別活在自己的想像！

小時候的幻想
多美好

成人世界
為何如此糟

目錄

結束語

前言

  過去的我在別人眼裡還是個不錯的孩子，學習算不上名列前茅，但也不是很糟；雖然時有調皮搗蛋的事情發生，但整體來說我還是個聽老師、聽家長話的孩子。可是有一段日子，特別是在我 17 歲之後，我感覺自己曾是一個活得相當糟糕的年輕人。我無法忘記那種「接下來我到底該怎麼辦？」的迷茫；無法忘記自己被別人當作白痴的感受；無法忘記難以與周圍的人相處的痛苦；拚命想擺脫父母管束的急躁；想獨立卻又不能的脆弱；無法忘記自己被女孩子拒絕時目瞪口呆的情景；一心一意「絕不隨波逐流」帶來的苦果 —— 似乎除我之外的別人都擁有快樂，而我則只能獨自坐在家中或是一個角落裡品嘗寂寞；我無法忘記自己曾是多麼令人討厭。漸漸地，我甚至無法理解這個世界到底如何運轉。

  看看過去發生在我身上的事情吧：

  我記得那時我曾瘋狂地喜歡上了一個小我一歲的同班女孩。當時，我們彼此間保持著距離，更不用說告訴她我對她產生的那種美妙、神祕的感覺了。因為我一直被周圍女孩那種冷酷和絕不給你留一點面子的做法嚇壞了，所以一直不敢對我喜歡的女孩子公開表露什麼。情人節那天，我想了許久，想出了一個好主意：我買了一張精美的卡片，在上面寫滿了愛慕她的話語，當看準她教室裡空無一人的時候，我悄悄地把卡片放進了她的書桌裡。天啊！我真的愛上了這個女孩，如果她知道這一切，如果她也喜歡我那該有多好！第二天的下課時間，當我打開桌子時，我驚喜地發現裡面有一張紙條，我的心蹦蹦地跳得好亂啊！急切地打開一看：一排重重的黑體字躍入眼中，上面寫著：「離我和我的桌子遠點！」那一瞬間我的大腦一片空白，差點要崩潰了。

我記得自己在申請（有時是兼職打工）工作時被人拒絕的情景。我還記得我曾無償地為一家自行車商店整整工作了一個夏天。我真的很想要一份工作，想花自己賺來的錢，而且我也喜歡組裝自行車。我當時無法理解為什麼老闆對我總是那麼緊張？為什麼他總是擔心他的錢？而且我沒有拿他一分錢。我是無償地為他工作，我也做得很出色。為什麼錢對他來說那麼重要呢？

過去我總覺得母親對每一件事都表現得很傻氣。我不明白她為什麼不願意聽我說話，每次當我向她要一些東西時，她總是說「不行」！真是不可理解。她不願給我錢，不准我晚上騎自行車外出，也不讓我週末和朋友們一起郊遊、聚會，只是一味地讓我好好學習、學習、再學習。但我記得有一次我約了一個女孩子出去，結果弄得自己很尷尬。回來後的我像個嬰兒似的蜷縮在床上，一聲也不吭。羞愧和痛苦似巨大的海浪般拍打著我，讓我抬不起頭來。母親一句話也沒說，只是站在那裡。只有那時，她才使我覺得自己像個大人。而且感覺到了母親對我的那份深深的理解。

讀高中時，我曾傻乎乎地看著周圍其他同學成幫結夥地聚在一起，卻不知其中的緣由。為什麼學校裡的每個人，都不喜歡其他人？為什麼有的人明明做了許多錯事，在別人的眼中卻是副很酷的樣子？為什麼女孩子都喜歡學校裡的足球隊員？為什麼漂亮的女孩都不願與我說話？為什麼她們在人前、人後表現得那麼不同？

我仍然記得自己大學落榜時那種痛苦的感覺。失落與羞愧長久地讓我抬不起頭來。

年少的時候，我不懂得什麼是真正的自信：當有人 —— 特別是一個成年人就某些事情稱讚我的時候，我的反應總是「這不是真的」或「不，他說的不是我」。比如，如果有位老師告訴我「你的作文寫得很不錯，你很有寫作的天賦」。我的第一反應一定是「這不是真的」或「她說的不是

我」。這種狀況直到我所寫的四本書被出版後才有所改善。那時我才肯接受「自己很擅長寫作」這一事實。

我記得自己在十八歲前每次穿西裝時那種彆扭的感覺。

我參加過像婚禮、生日晚會和宴會等一些大型的社交活動。在那裡我常聽到大人們談論金錢、股票市場、稅收、老闆、當前的政治和新聞等。那時我想：「這些大人真是討厭，他們只知道關心錢和搬弄是非。我真希望自己永遠也長不大。」

當我再次努力，升入大學後，一到經濟學、心理學、會計和歷史課時，我就會想：「什麼時候我才能用得著這些東西？」每次寫作文和算數學題目我都覺得是在浪費時間。

我討厭死板的體育課、討厭我的身體、討厭一成不變的課堂上的運動、討厭學校的條條框框。

讀到這，你是否認為與我有過同樣的感受，經歷過同樣的事情呢。

然而現在我已不再是從前那個糟糕透頂的毛頭小子了。過去我覺得自己像個傻瓜，可現在每當我回憶起往昔，就會奇怪自己當時為什麼會有那種想法。我和我的表姐，我們在十幾歲時互相敵視，而現在我們卻相處得非常融洽。我的妻子是一位既美麗又善良的女人。如果我在高中時能夠遇上她的話，也許我會以另外一種方式度過我的青春少年時代。我有一個愛我、理解我的母親，她是我最好的朋友。現在的一切都已告訴我，少年時我的種種感受和想法都是錯誤的。

也許你在年少時與我有過同樣的感受和類似的經歷：你很難與人相處、你認為大家都討厭你、沒有人能夠理解你、你感覺不到快樂並常常覺得孤獨；當你環顧四周時你覺得似乎別人都那麼快樂，都很成功。這時你便會不斷地想「他們為什麼如此快樂，而我卻生活在痛苦中 —— 是我做錯了什麼嗎？」。先讓我來告訴你一個事實吧：大多數的人在十幾歲時都

會有這樣的感受，只有那些吸引女孩子的明星們也許會覺得快樂。這個年齡段的許多人在大部分時間裡都充滿了困惑。不信你可以去問問那些成年人，他們會向你講述他們在十幾歲時的苦惱和所犯的過錯。有一點你要知道，隨著時間的流逝，你會不斷地成長，一切都會越來越好，而你最終也會變得真正地成熟起來。

如果有人在我十六歲時告訴我：「儘管你現在覺得苦惱不堪，但到了二十幾歲時，你會成熟起來，變得快樂、充實，你的事業將會很成功並能擁有美滿幸福的婚姻。」那我一定會大聲的嘲笑他。因為我在十六歲時根本就找不出任何一種能使自己快樂的方法，在我看來這個世界和所有的人都毫無道理可言。那時我懷疑世界，懷疑他人，更確切地說是懷疑自己。

那時，我真的希望有人願意花時間坐下來陪我聊聊，告訴我世界究竟是什麼樣子的，告訴我為什麼所有這一切會發生在我身上。我不想聽什麼「有一天你會懂的」、「一切都會好的」或「實際上你很不錯」。等這些敷衍我的回答，我需要有人能詳細地把這些解釋給我聽。為什麼我總是這麼差勁？為什麼老師、爸爸媽媽總是對我所做的一切不滿意？為什麼世界這麼不公平？這場人生成長遊戲的規則到底是什麼？這一切都是我卻從十幾歲時就一直在思考的。如果有一本書能夠告訴我這個遊戲規則的話，我也許會省去許多時間和麻煩，為什麼沒有一本能夠讓我了解這一切的書呢？

幸運的是，你手中的這本書就是這一切問題的答案。我寫這本書的目的就是希望它能夠對你有所幫助。你不妨把它當做是一本所有希望在成長中獲得成功的人都必備的「祕笈」，它會對人生的成長做出清晰的解釋，它會告訴你為人處事的方法，告訴你世界是怎樣運作的以及你是怎樣逐漸成熟起來的。

同時，我也希望你能超越本書。儘管開始你可能並不太喜歡它，或者你覺得書中的觀點並不完全正確，但是我仍希望你能繼續讀下去，記下那

些你認為不公平或荒唐的事情，並就此詢問你的父母和其他一些成年人朋友，了解一下他們對這些事情的看法。與你的老師和朋友談一談，讓他們看看這本書，並問他們「你的看法呢？」、「你是怎麼想的？朋友？」然後你可以試驗一下書中所提出的各項建議，看看會發生什麼，在你讀完一遍之後，你不妨隔幾個月再重新打開這本書，看看自己的思想是否有什麼變化，結果也許會令你驚訝不已。

　　我希望透過它來為你展現一個真實的世界，以消除你心中的迷茫，希望它能使你重新審視自己，逐漸理解你身邊所發生的一切並為自己在這個世界上找到一個合適的位置，更希望它能引導你走向成功之路。

引言：
設計美好的未來

　　「長大了你想做什麼？」從小到大想必你已不止一次的被別人這樣問過。本應到少年時才會留意的問題，可你可能不得不在五歲時就去面對它。它常常用「將來你想讀哪所大學？」、「以後你最想學哪門功課？」和「你最擅長什麼？」這些問題連繫在一起。我該怎樣安排我的人生？

　　你也許這樣多次地問過自己，「將來我會有什麼樣的生活？」這很好。要知道，當你在問自己「我是誰」、「將來想成為一個什麼樣的人」時，你正發生著奇妙的變化，你是唯一能回答這些問題的人。而你，也只有你才能對自己會成為一個什麼樣的人做出正確無誤的選擇。

　　仔細想一下，理想中的你是什麼樣子，想一想這句話所帶給你選擇的自由。一個少年的偉大之處就在於他純潔得如同一張白紙，沒有一絲汙濁。你可以為這個問題自由挑選答案。「我想成為一個什麼樣的人」，在這一點上，你處於一個獨一無二的位置。你的選擇沒有界限，一切都可從頭做起，為自己設計一個美好的未來。你有無數個機會來決定自己將來要成為一個什麼樣的人：

- ▷ 我該為自己選擇一個什麼樣的職業？
- ▷ 將來我能賺多少錢？為什麼會這樣？
- ▷ 我會與一個什麼樣的女孩或男孩結婚？
- ▷ 我要培養出一個什麼樣的孩子？
- ▷ 我該穿什麼樣的衣服？
- ▷ 將來我會住在哪裡？
- ▷ 我喜歡什麼樣的轎車？
- ▷ 我是否會上大學，如果是，我會選擇哪所大學？
- ▷ 是國內的，還是國外的？

- 我會主修什麼系？
- 我對人生抱有什麼樣的態度？
- 我的價值觀是什麼？
- 我最喜歡哪項體育運動？

今天，你可以決定：「在我 25 歲時，我要成為一名年輕的建築師，在我 30 歲時擁有一輛紅色的雪佛蘭轎車。」這一切都是可能發生的，只要你的思想中、意念裡曾經有過，而且，你能讓這一切成為現實。沒有什麼能夠阻止你去這麼做。處於年少的你有巨大的選擇空間。當然這並不是說在你長大以後就沒有改變的機會。在你 30 歲或 40 歲時，你也可以再從頭設計你的人生，選擇適合你的一切。但你要知道青春少年時是個開始，誰能儘早地把握住這個開端，誰就能儘早地實現自己的夢想。

三個重要的問題

當你要做出選擇時，總會遇到三個重要問題：

20 歲以前，我們中的大多數人從來沒意識到我們完全能夠掌握自己的人生。我們從未問過自己「我是誰？」和「我想成為一個什麼樣的人？」於是我們混沌度日，漫無目標地走過自己的青春少年時乃至發展到一生，這使我們丟失了生命中的大好良機，我們無法再把自己理想化。事實上你完全可以掌握自己的人生。而本書也正是建立在此基礎上，致力於使你理解自己所擁有的自由並幫助你做出最佳的人生選擇。

20 歲之前，我們中的大多數人看不清現實社會的真面目。我們生活的這個社會既充滿機遇、令人興奮，同時又冷酷無情。要想在這樣一個社會中獲得成功，我們不僅需要擁有淵博的知識，更要懂得如何與周圍的人群相處。可年少的我們對這個社會抱有天真的幻想。我們中的大多數都成

長於父母為我們構築的溫室中，這對你來說也許是難以承認的，但卻是不爭的事實。而這一切都會使你輕易地犯下許多錯誤，這些錯誤又會對你的人生造成巨大的負面影響。因此，我會為你介紹社會中的一些基本現狀、教導你認識成長中的各種「遊戲」景觀，進而引導你掌握成長遊戲中的規則，助你走上成功之路。

許多青少年對自己缺乏自信，不相信他們在人生的道路上會有成功的機會。特別是當你得不到老師的賞識，家人的讚許，朋友的認可時。要記住，無論你準備選擇以何種方式度過你的一生，你都要充滿自信，相信自己一定會獲得成功，除此之外你還要掌握一些專業技能來增加你成功的機會。當你準備邁向成功時，其中一條最好的途徑就是去了解你周圍人的想法，去徵求他們的意見；或者你直接去開拓新的領域。年輕的時代將是你嘗試新事物和拓展新領域的最佳時光。

為什麼我們無法適應成年人的世界？

我們在成長的最初十幾年中，都感到極度的不安。讓我們先來認識一下什麼是造成這種不安的原因：假設你是星際旅行社的一名成員，你的太空船降落到了一個外星球上。你不了解這個星球的語言，不了解這個星球的社會習俗，不了解這個星球上的人們做事的方式，更不了解你的行為會對他們造成什麼樣的影響，你可能會感到十分不適，特別是當你在這個陌生的世界裡犯了錯誤時，而這些錯誤對你的一生又將造成巨大的影響。我們眼中的這個外星球實際上就可以比作是成年人的世界。你對這個世界的一切都很陌生，不懂他們的語言，不懂他們的習俗，不懂他們做事的方式，而就算你了解這一切，這些對你可能也毫無意義。

那麼請堅持將這本書讀下去，你將會在這本書中了解並適應成年人的世界，它會讓你儘快地在這個世界中健康地成長並獲得最終的成功。馬上行動吧！

有哪些事是你一直想做卻遲遲未做的？在筆記本、紙或書上將它們全部寫出來。

有哪些事是你曾經想做，卻一直未曾真正做過的？

有哪些事是你做了一半，沒有堅持下去的？在筆記本、紙或書上將它們全部寫出來。

你會找到許多機會來了解自己，了解你身邊的世界，但首先你必須邁出第一步。你可以去做一些你喜歡的事情和一些你認為自己會做得很好的事情。那麼去創造一個最好的開始。不要說「我要做一名行動者！」而是真正地馬上行動起來。你可以找一些朋友作為一起行動的夥伴。你可以主宰自己的命運。一個青少年的偉大之處在於他的勇氣，對於許多事情他可以說做就做，毫無顧忌。也許你會遭遇失敗，但你不必灰心。朝著你的方向堅定地走下去，看看你會找到些什麼，這就是本書所要提供給你的一個重要資訊。

此外書中所談到的概念和技巧，不僅能夠幫助你更具自信，讓你儘快地走向成功，而且還能幫助你為人生做出更好、更富有效率的抉擇。本書共分七個部分，分別從不同的角度來幫助你理解人生。各部分如下：

▸ 第一篇 —— 人在旅途

本篇所講述的是生活中的一些基本事實。在你準備做其他事情之前，你必須了解和掌握它們。這些事情對你來說可能是難以接受的，因為它們打碎了你對自己和這個世界的幻想，但如果你要真正認識這個世界，一切需從認識真正的自己與世界開始。

▸ 第二篇 —— 工作與事業

你要去尋找一份工作 —— 這是生活中不爭的事實，計畫去尋找一份既能獲得高薪又可以從中享受快樂的職業。

▶ 第三篇 —— 婚姻與愛

你可能已經注意到自己似乎經常會因為異性的注意而心煩意亂。本篇將會為你解釋這些「生活中的事實」並告訴你，這對你的現在和將來都意味著什麼。

▶ 第四篇 —— 我的信念

你可以選擇快樂，也可以選擇悲傷；可以樂觀向上，也可以悲觀消極；可以積極開朗，也可以安靜內向；可以誠實正直，也可以八面玲瓏。唯一能夠掌握這一切的只有你自己。本篇將引導你正確掌握自己的人生處世哲學。

▶ 第五篇 —— 成功規律

在這個世界上，你有許多成功的機會。而若想把握它們，你要掌握成功規律。本篇將帶領你邁向成功。

▶ 第六篇 —— 金錢崇拜

金錢是世界上最奇妙的東西。沒有它，你將變得窮困潦倒；擁有它，你不但能使自己生活富足，還可以造福他人。然而它又能夠把你引向罪惡。理財是一門複雜而深奧的學問。本篇將幫你介紹一些對你的生活和事業有著舉足輕重作用的有關錢與理財的一些問題。

▶ 第七篇 —— 生活千面

除了以上介紹的內容，生活中還有許多方方面面能夠引導你邁向成功。本篇將向你介紹生活中，另外一些重要的事情。

讀過這七篇內容之後，你將會更好地了解自我，更好地認識世界。你將會站在一個全新的角度，認真審視自己的抉擇。那時，成功已離你不遠。

第一篇　人在旅途

　　無論你在何處，無論你是何人，在此刻以及在我們生存中的一切短暫時刻裡，你和我有一點是完全相同的。那就是，我們不是靜止的，而是在旅途中。我們的生活是向著一個看不見的目標前行的一種活動和趨勢，一種穩定而不停止的進展。我們每天都有得失，即使我們的地位和品德看似和以前一樣，實際它們也在悄悄地改變。因為單純的時間進展就是一種改變。同樣，如果你有一片荒田，它在一月裡和七月裡一定不相同。季節造成了差別。兒童的缺陷被視為天真無邪，但如果表現於成人，就是幼稚。

　　我們所做的每一件事都是朝著某一方向的前行必需的步驟。甚至未做的事，其本身也是一項行為。它使我們前進或後退。磁針的 S 極作用和 N 極作用，是同樣實際的。拒絕就是接受 —— 不過是另一條代替的途徑而已。

　　你今天是否比昨天更接近你的港口呢？是的，—— 你一定會稍微接近某一港口的。因為自從你的船，第一次在人生的海中下水時起，你從沒有停息片刻。這海洋太深了，你不可能尋到一個停泊之所。在未駛進港口之前，你不能停頓。

—— 〔美〕狄克

本篇講述的是生活中的一些基本事實。在你準備做其他事情之前，你必須了解和掌握它們。而這些事情對你來說可能是難以接受的，因為它們打碎了你對自己和這個世界的幻想，但是只有它們能讓你真正成長起來，讓一切從這裡開始吧。

我要超越，超越普通和有限的自己 —— 培根

你是否曾疑惑過為什麼成年人要把大量的時間花在賺錢上？為什麼他們每天要工作 8 ～ 10 個小時？為什麼他們要把時間都用在討論銀行利率、稅制、物價和生活費用上？為什麼在新聞轉播和報紙上到處都是經濟新聞？為什麼家裡經常會因為錢的問題而發生爭吵？你要了解成年人的世界，就必須先了解金錢。在這個世界裡金錢被成年人賦予了太多的意義。

法則 1　生存的祕密

找到成長意義的人，才是最幸福的人

—— 尤里・邦達列夫（Yuri Bondalev）

關於生存的事實

在商品經濟的社會裡，金錢似乎已變得「至高無上」了。沒有它你就會飢腸轆轆，就會露宿街頭，甚至會失去自由。如果你曾有過這樣的經歷，你就會明白為什麼金錢對人們來說是那麼重要，而這些也只不過是造成人們如此重視金錢的簡單事實。

我們並不了解金錢的重要性，也不了解需要多少錢才能維持正常的生活。這其中的原因很簡單 —— 父母在我們獨立生活前為我們提供了一切，因此，我們一直都生活在舒適和自己的夢想之中。而當我們從夢中醒來不得不獨立生活時，我們的思想將會戲劇性地發生變化。

探知成年人的金融祕密

　　所有關於金錢、薪水、家庭消費的話題都是相當敏感的,這是生活中的事實。沒有人會對別人說:「瞧,我每年賺二十五萬元。」當你到了16歲或18歲時,還不了解你的父母賺多少錢,不了解你家的房子值多少錢,這就足以證明「錢」這個話題有多麼的敏感。但是你可以開誠布公地和你的父母談談這些事情。如果你能這樣做,那真是太好了。這意味著你已逐漸成熟了,有了初步的生存意識。

　　「為什麼?」你也許會問:「為什麼人們對這些事情如此敏感?」對大多數人來說,薪水是衡量他們自身能力的一個標準。用這個做標準合適嗎?誰知道!這是現實生活中的一個簡單的事實,至少在商業領域中是這樣的。如果你有兩個經商的朋友,他們的薪金高低不同,那麼其中的一個一定比另一個更精於做生意。在任何一家公司裡,員工之間的薪水都充滿了競爭。因此如果一個人告訴另外一個人「我每年賺20萬元」那麼他就為對方提供了一個極有價值的資訊。一旦你走入職場,你就會有同樣的感覺,並會理解和重視這種敏感。

　　為什麼你的母親會外出工作或考慮要再找一份兼職工作?就是為了要支付生日宴會或度假等這些額外的花費。為什麼你的父親有時會抱怨他的工作,但每天還不得不去上班?因為如果他不去工作,整個家庭的處境就會變得十分糟糕。要知道在預算中沒有留出緊急事件的儲蓄,如果你的父親失去工作,你的家庭就會陷入巨大的困境。

　　你的父母在十幾歲時也曾有過許多與你一樣的夢想 —— 漂亮的衣服,溫馨、舒暢的旅行,做工精緻的手錶,等等。他們也想擁有這一切,就像現在的你一樣。但為了家庭的收支平衡,他們不得不放棄這些年少時的夢想。無論何時,當你收到貴重的禮物時,你要明白你的父母可以送這些給你,但卻不能送給他們自己。

「食品、衣服、工作、房租、稅收、名譽和孩子使人的靈魂永淪地獄……只有金錢才能打碎這些束縛人的枷鎖；而靈魂只有在枷鎖被打碎後才會獲得自由」

—— 喬治‧蕭伯納

只有當你開始了解你的父母為了撫養你們而做出的種種犧牲以及他們的理財方式時，你才會真正的尊敬和感激他們，也許這會發生在你 20 或 25 歲的時候，但真正會令你覺悟的是在你 30 歲之後建立了自己家庭的時侯，然而現在無論是你還是與你同齡的年輕人都不會尊敬和感激他們，甚至還會對他們產生種種誤解。

金錢，就像生活中的泡麵一樣，是最基本賴以生存的「食品」，吃了這頓「泡麵」，還要為下一頓「泡麵」去忙碌，去準備。我們中的許多人最初都被夢想、被父母溫暖的雙翼保護著，我們在夢想與現實之間，築起了一道高高的圍牆。這道牆阻礙著我們去理解為什麼成年人對金錢、工作這麼專注。如果你能夠儘快地明白金錢和工作對你未來幸福的重要性，那麼你就會很快地為自己在經濟上的獨立做好準備。在成長的路上邁出那重要的第一步。

但不要認為金錢是生命中的唯一。在這個世界上比金錢更美好的事物還有很多。然而「金錢是生存的基礎」卻是現實中不爭的事實。如果你想建立自己的生活，就不能沒有金錢。這就是金錢的重要性之所在。你只有在獲得了一份理想的工作之後，才能夠自由地去做那些自己喜歡的事。

最強的對手，可能是我們自己，在戰勝別人之前，先得戰勝自己。

—— 羅蘭

法則 2　經驗的祕密

　　珍惜你擁有的；謹慎你所選擇的；把握你所追求的。

　　人生，是可以由你自己來掌握的！

經驗助我去成長

　　年輕人缺乏生活的經驗。在我們獨立生活前，我們從未曾脫離過父母的庇護，我們中的大多數人都生活在成年人與孩子的夾縫中。正如俗語「天真的年輕人」所說的那樣。

　　你也許難以接受年輕人天真這一事實，可能你會認為說這話的人是個白痴。但你有沒有想過，為什麼別人會這麼說，為什麼這會是認識現實生活的一把鑰匙？仔細考慮一下下面的內容，可能會對你有所幫助：人們識字和讀書的能力要經過一個學而後培養的過程。假設你生活在荒涼的孤島上而且不識字，那麼當海水把一些盒子和書籍送到島上時，你能讀懂上面的文字嗎？不能，這其中的原因就是你缺乏經驗。一旦你能理解以上內容並意識到自己天真的本質和明白缺乏經驗意味著什麼時，你就會很好地著手解決自己的各種問題。你只有在了解自己天真率直的本性之後，才會面對現實，逐漸成為一個閱歷豐富的人。你可以透過問問題、讀書和仔細觀察身邊的人和事物來擺脫這種天真。當你意識到自己是缺乏經驗的時候，你才會真正地成熟起來。

幻影模型 TIM 的祕密

　　為什麼你會難以接受自己天真這一事實呢？那是因為在你的頭腦中有一個叫做「青少年幻影模型」在作怪。我們又稱之為 (TIM)。如果你也能

夠認同的話，這將對你更好地認識自己大有裨益。TIM 常常向你的大腦輸送資訊，告訴你：你是世界上最聰明的人，你無所不知，你周圍的成年人都是傻瓜。這一模型形成於你的青春期，然後迅速發展壯大，最後在你 23 歲左右才會崩潰、消失。

著名的作家馬克・吐溫曾對此進行過非常有趣的論述：「在我 14 歲的時候我發現父親竟無知到了令我難以忍受的程度。但到我 21 歲時，我卻驚奇地發現這個老頭，竟然在這七年裡掌握了如此多的知識。」當然，馬克・吐溫的父親並沒有變 —— 發生變化的只是馬克自己。馬克的父親變得聰明是在馬克的 TIM 崩潰之時，直到那時他才真正認識他的父親。現在這一問題同樣困擾著所有的年輕人。你也許覺得媽媽越來越愛嘮叨了，而且總是說些讓人心煩的話；爸爸的觀點也越來越保守、陳舊了，而且他好像很難接受新的事物，那麼多的新名詞、新東西他都不知道。

面對這一問題時，正確的做法是應該問我們周圍的成年人「你是怎麼看我現在的樣子？我需要如何改進呢？」、「你問的是什麼意思？」而不應該把他們都當做傻瓜來對待。當你認識到這一問題，並能從你身邊的成年人身上找到答案時，說明你已成熟起來。記住這種轉變發生的越早越好。

你站對位置了嗎？

為什麼在你的頭腦中會形成 TIM？這與生物進化有一定的關聯。一隻雛鳥，生活在溫暖的巢穴中，每天和牠的兄弟姐妹們無憂無慮地玩耍，並享受著父母為牠們提供的食物，這樣的生活是多麼理想和舒適，可為什麼這些雛鳥最終還要離巢高飛呢？事實上離開這麼溫暖的家真的有些可惜。但是，當雛鳥的羽翼漸漸豐滿的時候，在牠們的腦中就會出現一個聲音不停地叫著：「你的父母是傻瓜！你自己能覓到更好的食物！你能築造比這更好的巢！你的父母是多麼的煩人！你會有比牠們更漂亮的羽毛！現

在是離開的時候了！你會比牠們飛得更高」這隻雛鳥整天不斷地被這個聲音困擾著，日復一日，有一天牠終於離開了牠的父母，遠走高飛，建立了自己的巢。而後才又有了新的小鳥，鳥類才因此一代代地生存下去。

這與你的情況也很相似。人類文明的發展，促進了 TIM 的產生，並鼓勵年輕人離開父母的家。問題在於我們生活在一個高度發達的工業社會裡，而且你也不是一隻鳥。你不能只是簡單的離家出走，也不能簡單的覓食生存。在這個社會裡人們獲得成功是因為他們在發揮自己聰明才智的同時也看到了別人的過人之處，這就是生活中鐵一般的現實。事實上，你的 TIM 對你造成了巨大的傷害，並讓你在這種幻影中蒙受了相當的損失。成年人卻隨著時間的流逝累積了豐富的知識和經驗，而這些正是你所缺少的，並且他們非常樂意把這些知識傳遞給你，你只要主動去爭取一下便會獲得這些知識。遺憾的是，你的 TIM 常常讓你忽略了這筆寶貴的財富。

每個年輕人頭腦中的 TIM 都各不相同。許多年輕人，他們頭腦中的 TIM 都屬於「適當型」。所謂「適當型」就是說這種 TIM 鼓勵年輕人離家獨立生活，但不會唆使他們反抗社會。帶有此類型 TIM 的年輕人都能很快地適應這個社會並逐步邁向成功，對他們來說，事事順利。有的人的 TIM 可能非常小，它的影響還達不到鼓勵青少年離家的程度。除此之外，其他人的 TIM 則屬於大號的。正像我們前面談到的那樣，這種過大的 TIM 會跟隨我們到老，並制約著我們真正去認識身邊的世界。

向左、向右想

假設你認為你的父母、你的老師和你身邊的人都很傻，只有你才是世上最聰明的人。如果有人願意聽取你意見的話，那麼世界上的一切難題都會迎刃而解；也許你並不像如上所說的那樣自以為是，只是不肯承認自己是天真幼稚的。那麼現在讓我們換一種方法，透過下面的幾個問題來讓你認清一下自己。

你會找到工作嗎？也許會。

如果明天你的家人都不在了，那麼你的工作能否讓你繼續維持生活嗎？每年你會有 5 萬元的收入嗎？這不太可能。

對於前面的問題，如果你回答說不用 5 萬元來維持生活，那麼你了解正常的生活費用是多少嗎？你可能並不知道。

你有房子嗎？沒有。

你能買房子嗎？不能。除非天上掉下 100 萬元到你的銀行帳戶上。

你能申請貸款買房嗎？絕對不可能，再過 5 ～ 10 年你才可以考慮這個問題。

你知道如果你要買醫療保險每年要多少錢嗎？你能負擔得起這筆錢嗎？這也不太可能。

對這些問題，你大部分的答案都是否定的，而當你能夠對這些問題回答「是」的時候，你正逐步融於這個世界，開始否定的回答則證明你還是天真的，有趣的是：儘管你的父母能夠對所有的問題回答「是」，可你仍然瞧不起他們。如果你對這些問題中的五個或六個回答「不能」並認為這些答案都是正確的話，那麼可以說你的 TIM 是在正常地運作。如果你能聽到內心的一個聲音在說：「這些問題毫無意義！」則說明你的 TIM 運作得非常強烈。那麼你就需要冷靜地思考一下了。換個角度來思考

讓我們再換一種方法來認識一下自己。找一個照顧嬰兒的人，讓她把嬰兒放在一邊，放手不管，你會發現這個嬰兒完全沒有自立能力。一個嬰兒可能只知道做四件事：吃奶、睡覺、微笑和哭鬧。可見嬰兒是不能自立的。而且嬰兒生來就是無知的，他們尚未掌握一點知識，這是他們的天性。

現在假設所有人都在用一生的時間，以同樣的進度不停地學習。如果你是一個 6 歲的孩子，那麼你每天都會學到相當多的知識。而如果你是一個 60 歲的老人，那麼你只是不斷地完善著在自己成長過程中所學到的東西。

　　研究指出成年人的知識量要遠遠大於青少年。這是因為與青少年相比，成年人有更多的學習時間，而且他們還有豐富的社會經驗。一個64歲老人的知識量相當於一個16歲少年的4倍。

　　這告訴你，你的知識量非常有限。對於嬰兒，則更無知識可言。如果你是一個16歲的少年，那麼你所掌握的知識只是一個32歲成年人知識量的一半，一個48歲成年人的三分之一，以此類推下去。隨著生命進程的不斷向前推移，你的聰明才智，你的知識量，以及你的社會經驗都會獲得持續的增長。而現在，你只處在曲線的底端。

　　現在，讓我們換一個思考的角度。假設你16歲，當你與一個8歲大的孩子交談時，很顯然你會認為這個只及你年齡一半大的孩子很天真。一個8歲大的孩子不懂得什麼是愛，什麼是人生，更不會數學，不了解金錢的重要性，他只知道甜餅、糖果和玩具。他什麼也不懂，同樣當一個32歲的成年人在和你交談時也會有類似的想法。一個16歲的少年不了解什麼是事業，不了解求職、買房的程度，不懂得撫養孩子的艱辛，不知道怎樣與親戚朋友以及身邊的人長期維持良好的關係等等，在知識的累積的過程中，一個16歲的少年所知甚少。

　　讓我們把注意力再次轉回到嬰兒身上。你會發現嬰兒們總是很粗暴的，讓大人把精力都集中在他們身上。在他們的頭腦中，絲毫沒有同情、慷慨和憐憫的概念。他們感到餓時，覺得睏時，不舒服時，甚至在不喜歡抱他們的人時都會大聲哭鬧，他們極度地以自我為中心。但隨著年齡的不斷增長，這種意識會逐步減弱。同樣青少年相對於成人來說仍然具有很強的自我主導欲。

　　在人們剛剛成為了父親或母親的這段時期裡，大部分人的那種以自我為中心的習性會迅速減弱。因為剛剛為人父母，並懂得現在已不僅僅是為了自己而活。當他們墜入愛河時，當他們把自己的愛傾注在孩子身上時，當他們愉快地與同事們一起工作時，他們會變得更加慷慨大方，更為關愛

他人，更加熱愛生命，看一看那些不斷為孩子作出犧牲的家長們吧，你就會理解這一切的。這個時期的我們有很強烈的自我意識。

我們在年少時都對性有著強烈的興趣。我們關注異性，互相約會、接吻，等等。這種狀況在你的青春期會初露端倪。而在青春期到來之前，你絕不會對「性」有任何興趣，也許你還記得，當你還是個孩子的時候，看到一對情侶在忘我地接吻，那時的你會想：「哼，我長大才不會做這種事呢！」然而現在，你可能滿腦子都是有關性的東西。發生這種變化的原因是在青春期時你體內開始分泌荷爾蒙，當你了解你體內的內分泌系統是如何運轉時，你將會無比吃驚。分泌出來的荷爾蒙促使你的身體和大腦發生了巨大的變化。隨著年齡的增長，荷爾蒙在你體內的含量和對你的影響會逐步減弱。成年人都能理解這種狀況，因為他們經歷過這種變化，並清楚地知道你腦中在想些什麼。

我們舉出這些例子的目的，並不是要你否定自己。而是要告訴你生命是一個變化的過程。現在你只不過才到達生命旅程中的一個驛站，你還年輕，才剛剛開始去經歷這種種變化。也許目前糟糕的 TIM 還在左右著你，但十五年後，你對身邊事物的各種看法一定會不同於今日。那時你將會變得更有智慧，你不會再事事以自我為中心，不會再對「性」有強烈的興趣。天地萬物，無一不在變化，正是這些變化，讓人們以不同的方式來認識這個世界，也正是這些變化讓人們在人生的大戲中，各自扮演著不同的角色。

我的成功，我選擇

為什麼大人們總是要把你當做天真的孩子來對待？為什麼沒有人會照你說的去做？當你清楚地說出自己的觀點時，為什麼大人們會說：「你懂什麼，你還是個孩子，將來有一天你會懂的！」你也許會對這一切感到困惑不已。從上面的事例中，我們已經完全可以找出令你困惑的兩個原因：

▹ 第一，青少年並不了解現實的世界。這是生活中普遍存在的現象，我們缺少生活經驗，知識量的例子足以證明這一點。

▹ 第二，所有的成年人都從青年時代走過。他們清楚在這段時期中發生的一切。他們了解你的所思、所感，知道什麼對你才是最重要的，他們經歷過了自己腦中的 TIM 崩潰的過程。所有的成年人都在看著你，並清楚地知道目前你所處的位置。

當然你會以不同的方式來理解生活，但請記住對於現實生活中的一切，你理解得越早，就越會將其善加利用，直到最終你會獲得巨大的成功。

這些就是令你困惑的原因，說到這你也許仍會把這本書束之高閣，因為在你眼中此書的作者是個十足的大笨蛋，如果你真的這樣做了，那麼請你在十年後重新閱讀本書，那時你一定會對書中所談的吃驚不已。

所以，現在就開始閱讀本書吧。看看就你的現狀會從書中有何發現。幸運的話，以上的內容會對你認識自我有奇妙引導。透過了解這些生活中不變的事實，你會更加適應這個社會而不會再與它為敵。待你長大後，你會擁有更多的快樂，獲得更大的成功。

要成為成功者，你就必須投入能喚醒你志氣、能刺激你走上自我發展之路的環境中。你的生命，是閃閃發光，抑或是暗淡無色，往往取決於這一選擇上。

學習放空自己、虛心接納、細細品味。

法則 3　成年人與同齡人的祕密

你知道一個人為何遇到貴人的嗎？因為他先讓自己貴起來。

學會適應成年人的世界

看來如果你想獲得成功就必須先學會適應這個成年人的世界。終有一天你要長大成人，你不會永遠屬於那被忽略的邊緣人中的一員。

數量上的優勢使得成年人掌握著這個世界。除此之外還有另外一個造成這種狀況的重要原因：成年人擁有一切。房子、汽車和摩天大樓全部歸他們所有，他們控制著一切賺錢的產業，控制著政府和軍隊。天地萬物，無一不屬於他們。

這些事實向你提供了一個重要的資訊，你要從中了解一件事：成年人掌握著一切，這是你無法改變的事實。

現在，你打算怎麼做？如果你想獲得成功 —— 事實上，如果你想實現夢想，無論是名垂青史的偉人還是腰纏萬貫的富翁 —— 你都要學會去適應這一切。你要邁向成功就必須學會去適應這個成年人的世界。對於這種適應的學習過程，當然是越快越好。只有當你能夠了解成年人的一切時才會明白現實世界的意義。

但願你能從今天就開始成為一個大人。當你不再以青少年的方式來考慮問題，而是站在成年人的角度來思考、行事的時候，當這一天到來的時侯，你就真正加入了成年人的行列之中了。為了做到這一點，最重要的就是要懂得成年人思考做事的方式，這就是我們接下來要討論的最重要的內容。

正確的行動和方法，是你實現目標的基礎。

端正你的思想，將協助你建立積極樂觀的態度。

你是我的同齡人嗎？

你不必太在意你的同齡人。這種提議也許是令你難以接受的，因為你大部分時間生活在同齡人的團體中，你希望自己被他們接受和認可，如果你處於被同齡人排斥的境地，你就會倍感孤單。我還記得一個青少年在擔心他是否「能被人接受」、「是否很酷」時那種充滿疑慮的樣子。那幾乎是所有青少年都曾有過的困惑。

讓我告訴你一個重要的祕密吧：所有的這些感覺都是你腦中 TIM 的一部分。只有在你的 TIM 崩潰時，你才會意識到你那些同齡人的想法是多麼狹隘。他們對這個現實世界一點也不了解。如果你想取悅他們，還不如來取悅你自己或你同齡人以外的其他人，但願你能儘早明白這一點。

現在我們換一種解釋的方法。

對青少年和成年人在穿著上的比較。

有個典型的你的同齡人。當你看到他時，你也許會想：「哇，真酷，是我的朋友。」另一邊是個成年商人，面對他你可能會認為：「乖乖，商人，西裝革履的，真是又刻板又討厭。」對這兩者的態度你應該有 180° 的轉變。其原因如下：你的那個朋友如果走運的話，他也許能獲得一份掃地的差事，並拿到最低標準的薪資，除此之外他一無所有。沒人會注意他，他對成年人的世界所知甚少，如果他想到哪裡去，則不得不騎著自己那輛破舊的自行車，他唯一擅長的就是玩電子遊戲。這樣的一個青少年又怎會引起別人對他的重視呢？而右邊的成年人則剛好相反，他擁有一份相當不錯的工作和一幢漂亮的房子。每年，他還要捐錢給社會上的貧困兒童，他在商業晚會上發表動人的演說，為他的社會福利基金會籌集了數十萬元。如果你登門求助，他也許會給你一份工作，他引人注目，他了解這個世界在怎樣地運轉著。

比較一下這兩個人。他們誰更成功？誰為社會做出的貢獻大？人們會

更願意聽誰講話？這些答案一目了然。如果在大部分的時間裡你都是與年輕人在一起，那麼你的言談舉止就會更像一個年輕人。相反如果你與成年人接觸得多，你則會更傾向於他們，成年人會實現更多的夢想。事實上，他們創造著這個世界上的奇蹟。因此，如果成功是你追求的目標，那麼你就該更多的接近成年人。

考慮一下這個問題：「你更願意做這兩個人中的哪一個，是少年還是那個成年人？」你可能會回答：「我寧願做個少年。」為什麼？一個原因是你本身就是個少年。俗語說：「物以類聚，人以群分。」另一個原因是你能夠理解你的同伴並覺得與他們在一起很舒服，你之所以會理解他們是因為你整天都和他們打交道，你完全知道他們的想法和做法，知道他們中間流行的遊戲、語言、青春的偶像，你完全接受他們的世界，就像他們完全接受你的世界一樣。你不會這樣對待成年人是因為你討厭成年人的頑固和老化，並把他們都當做白痴。如果真是這樣，那麼請你再想一下，世界上怎麼會有一年賺 2,500 萬或 5,000 萬元的白痴？為什麼正常的青少年卻做不到這點？很可能是你的年齡讓你正處在一個思想幼稚而片面的團體之中。如果你能花時間接觸成年人，並學著進入到他們的世界中，那麼你一定會較早地獲得巨大的成功。至少，你可以接觸到另一種更新的思維與處事方式。

此外，你瞧不起成年人是因為你不了解他們。雖然成年人的世界錯綜複雜，深奧難懂但同時又富有生趣，也正是因為它複雜難懂，所以你才要花時間去了解、適應這個陌生而龐大的環境。你只有儘早地開始這種覺悟，才會在日後的生活中少走彎路；你只有儘快地長大成人才會有滿行囊的收穫。

同齡人讓我歡喜，讓我憂

年少時我的觀點：

我在上高中時總是莽撞無禮。為此同學們總想辦法讓我丟面子，讓我在他們面前感到自慚形穢。事實上我錯在了太聽他們的話了，那時的我總是特別在乎別人對我的看法。而我身邊的成年人卻告訴我我做得很好，不必把這一切放在心上。現在想起來，雖然我再繼續下去就會與我的同學們疏遠，但我寧願永遠與成年人待在一起，因為現在我懂得了那時我的同齡人都錯了。

對此，讓我們換一個思考的角度，你可能聽說過「同儕的壓力」這個詞。你可曾注意過，在這個詞中蘊含著巨大的負面力量，正是你的「同齡人」鼓勵你抽菸，正是你的「同齡人」誘使你過早地發生性行為，正是你的「同齡人」鼓動你用足球擊碎鄰居的窗戶；也正是你的「同齡人」唆使你花別人的錢。為什麼你要做這一切？做這些事能為你帶來什麼？你是否曾看到過一個成功的商人把他的凱迪拉克停在你面前，對你說：「上車，讓我們一起去踢碎所有的窗戶吧！在我的後座上有一顆足球！你隨便踢個痛快！」當然這是不可能的。

為什麼成年人不會鬼鬼祟祟地圍著窗戶？因為那對他們來說毫無意義。你要明白在這個世界上有許多比這更值得你去做的事情。你，一個少年，正站在商品經濟社會的高速公路上。這意味著每年人們願意為他們所購買的物品和享受的服務支出大量的金錢。如果你能夠從合法的途徑，獲得其中哪怕是很小很小一部分，那麼你也能在這個環境裡種下屬於自己的一枚種子，去實現你的夢想。「夢想？」你也許會產生疑問。對於夢想，你可能有，也可能沒有。在你的同齡人當中有許多人都沒有任何生活的目標，他們混沌度日，這就是造成他們的生活缺少生機動力的原因。如果你有時間來考慮怎樣用一種更有趣的方法來捉弄一個孩子，還不如了解一下

我們的社會，了解一下目前的經濟狀況，並找出一條能讓你成就自己的事業和成為百萬富翁的途徑。

記住現在是你讓夢想成真的大好時機。你完全可以不必太在意你的同齡人。從他們的身邊走過，不必回頭，如果你能與更多的成年人接觸，你將遠勝於他們。

超越你的同齡人

當我告訴你你的同齡人都是不必理會的之後，你可能至少會發現四個問題：

過去，你只習慣於圍繞著你的夥伴、你的同齡人，事事以他們為中心，現在讓你換一種方式來對待他們，這也許很難。他們指使你去做哪怕很小的一件事，並把他們的觀念強加給你，你的髮型、穿著、講話的方式等，無一不深受他們的影響，你成了他們怪念頭下的犧牲品。所以先不必在意你的同齡人，你可以忽略他們一週或兩週，那樣你也許會感覺好些，然後再重新回來接著往下讀。

無論你的同齡人是否荒謬，你每天依然要面對他們；也無論你是否喜歡他們，你每天也不得不與他們打交道。

沒有一個大人每天會坐下來和你聊聊。就算有，你可能也會覺得他們說的話對你毫無意義。

你看不出任何跡象自己將來會成為一個商人。你該怎麼做每年會賺 75 萬？ 100 萬？正因為看不出來，所以似乎也沒有試的必要。

你要就這些問題找出解決的方法，下面是對這些問題的一些建議：

你的同齡人都是你的朋友。每個人都會有朋友，這是好事，但朋友要有選擇地交，遠離那些「不良少年」。如果你真想這麼做，不妨與你的朋

友組成一個小集團。與他們不同的是你們做的都是正確的事，明白自己在做些什麼，並樂於讓與你們合得來的人加入。

你可以注意一下周圍忙忙碌碌、又小有成績的成年人。比如進入外商工作已成為白領的表哥；剛剛完成一項簽約的堂姐。看看他們每天都在忙些什麼，做些什麼，又是怎麼做的。

你可以找一些也在讀此書的同齡人，與他們談談，彼此交換一下看法。

看看下面的事實：比你小的人可能會瞧不起你。你正努力使自己看起來像個大人。學校裡的同學們可能會把你當做傻瓜一樣來對待。不必在意他們。他們只知道關心電子遊戲、搖滾樂隊、名牌菸和昂貴的運動球鞋。他們這些人都是不成熟的，你是否看到一個成功的成年人也像他們那樣？當然不是。你的同齡人腦中觀點都是比較幼稚的，並且帶著自己個人強烈的偏激。他們意識不到自己在做什麼、缺乏生活的目標。試試這個：如果有一個 5 歲大的孩子走到你面前對你說：「你真的很蠢！」這時你會怎麼做？不必在意他，他懂什麼？你完全可以像這樣不必理會你周圍的同齡人。

尋找一些能夠理解你，願意花時間為你解釋一切的成年人，與他們建立友誼。向他們請教一些有啟發性的問題，並和他們保持長久的連繫。

找一群與你志同道合的同齡朋友，不妨建立一個社團，到附近的工廠、電視臺、公司、大學和飯店等做一次訪問，和他們談談你們的社團，讓他們給你們講講自己的經歷。也許有些人會說「我沒時間」、「很抱歉，我幫不了你們什麼」。但這沒關係，繼續下去，你們一定會找到說「來吧，年輕人」、「我很願意能與你們談談」的人。讓他們空出一些時間聽聽你們的心聲，並告訴他們你們的理想。這些人一定會理解你們並願意傾聽你們談話。

　　找到大人們聚會的地點並加入到他們當中。自願加入學校或社會裡的團體，以一種成年人的樣子到各種公共場合活動，參加一些社會團體的集會，坐在後排靜靜地聽，不要和大學生住在一起，他們當中的很多人都只知道讀死書而且缺乏社會經驗。多接近那些成功的人，學會傾聽。

　　無論何時當你結識新的成年人時，不妨讓他們向你描述一下他們的工作。如果他們喜歡自己的工作，問他們是如何獲得這份工作的。你會發現他們透過不斷奮鬥和付出才獲得了現有的一切，而且他們當中有許多工作是你從前未曾聽說過的，然後再問他們，如果一切能重新來，那他們是否會有些改變，你會從中學到許多寶貴的經驗。

　　和你的老師建立友誼，多問問題，請他們為你解釋成年人的行為。如果一個老師不明白你在說什麼，那麼你不妨繼續找，終有能理解你的老師。

　　看看能否在成功人士之中為自己找一個導師，導師就是願意為你引路的人。他會與你分享事業上成功的經驗和個人的生活閱歷，就像一個會講話的路標，為你提供建議。如果你能夠在工作中找到一個這樣的人，那麼他將會把你保護在自己的雙翼下，而你則會在他的幫助下獲得巨大的進步和發展。

　　找到自己的人生之路，一味地迎合別人，還不如找出令自己快樂的方法，只是做回你自己。這會帶給你意想不到的收穫。

提前消除心中的幻影

　　接下來你要做的是去解決一個在青少年中普遍存在的問題：消除心中的幻影。一個孩子，或者一個青少年，有能力對自己的所見所聞進行思考。可在此之前你只會重視身邊的同齡人，要知道世界上一共有八十億人口，圍繞在你周圍的只是很少的一部分人。你們的觀點、想法對這個世界不會有任何影響。

　　尋找一個能夠理解你的人會帶給你很大的幫助。我到十幾歲時在美術上還毫無天賦可言，但我很想去做一些「看起來很藝術」的事情，其中的一件就是去學繪畫。我堅持上美術課，閱讀繪畫和素描的書籍，但我畫的畫看起來仍然很糟而且充滿了孩子氣，毫無藝術感可言。

　　不久，我看到了貝蒂‧愛德華（Betty Edwards）的《用右腦去畫》（*Drawing on the right side of the brain*）這本書，現在想來它就像是唯一一本為我而寫的書。數以千計的人曾透過閱讀此書，而解決了在繪畫中遇到的諸多問題。它告訴人們怎樣做才能戰勝在繪畫中出現的種種困難，在閱讀此書前，儘管我曾向許多人請教過，但繪畫對我來說仍充滿了神祕感，而在讀過它之後，我徹底地領悟了其中的奧妙。

　　當你與他人談話時，如果發現與此人格格不入，請不要灰心，繼續與其他人交談，你終會找到一個能夠理解你的人，這個人一定能夠為你解答你所遇到的難題。

　　讓我來告訴你發生在我身上的一件事。正是這件事讓我看清了自己心中的幻影。我上國中時，因為學習成績優秀，表現突出，我的學校曾把我送到北戴河去參加一次夏令營活動，我在那裡度過了令人難忘的一週，我與來自全世界各地的幾百名青少年一起了解世界各國的風俗和人情。這項活動中包括旅遊、參加研討會、與政府工作人員見面、做簡報、上課、聽演講、參加宴會和分組討論。對我來說的確是一次難忘的旅行。

　　除了學到許多有關風土人情的知識外，透過這次旅行我還明白了兩件事：

　　我知道在這個世界上還有許多像我這樣的人，這次活動讓我了解到那些從不在學校裡罵人、打架的人，都被選中來參加夏令營了。而那些足球運動員、菸鬼、上課搗亂的笨蛋、小流氓和扮酷的人都遭到了淘汰。在這個團體中我真正地找到了能夠與我交流的人。這裡的女孩在見面時都會對

我說「嗨」，而且在宴會上我能夠與身邊的女孩自由的交談。這真是一種美妙的感受。

我發現有許多與我觀點相同的人。我還記得參加活動的第一天，那是個星期天，隊伍還沒有組建起來，因為每個人都來自不同的國家。主辦人讓我們做的第一件事就是每 20 個人分成一組然後就某一話題展開討論，比如「你是如何看待地球明天的環境的？」在討論小組裡的學生幾乎沒有一絲一毫的相似。他們是來自全世界各地區的高智商的學生。他們有著很強的思考能力並清楚自己所處的位置。他們每個人都不同。我們討論不同的話題，而且有些人的觀點是我們以前絕對沒有想到過的。這真是令人難以置信。又令人感到那麼的新奇和振奮！世界上一半的人在以一種方式做事、思考、其他人又在以另外一種方式做著這一切，而在許多情況下，這兩種處世的方式往往都是正確的！

當我再回到學校時，我能夠以一種全新的角度來看待這次活動。我第一次能夠大聲的對自己說：「不必那麼在意學校裡的人！」不必太在意你的同齡人。

不必在意你的同齡人

青少年，特別是處在團體中的青少年可以說是相當的殘忍。如果你不夠合群，那麼他們會不斷地煩擾你、羞辱你。這就和小雞在團體中的境況一樣。我不知道你是否曾仔細觀察過一群小雞，牠們在圍欄中自由跑動，這種情形和青少年的狀況很相似。但有一件事你應該注意到就是在雞群中有界限清晰的等級制度。順便提一下，「團體中長幼尊卑的次序」這句話的來源。你該注意到的另一件事就是在雞群中如果有一隻小雞生病或不合群，那麼其他的小雞就會不停地啄咬牠，直到那隻小雞死掉為止。團體中不合群的青少年的處境幾乎也和這差不多，其他人會不斷地刁難那個不合群的人。

　　然而你會發現成年人的團體相對來講卻要好得多，在他們的團體中充滿了寬容和諒解。這是因為成年人明白世上沒有十全十美的人。每個人都難免會犯錯，在人們不斷開拓新領域的同時，他們總會遭遇失敗。人們了解這種感受。因此，他們彼此間能互助並積極、公開地去競爭。這是一個溫暖的團體。

　　這種事情也會發生在大學裡，突然間你發現自己四周都不是學校裡那些出言不遜的人，這會令你覺得很舒服。

　　當你觀察學校裡的同齡人時想想這些事情，一旦你離開了學校，他們的觀念就不會再對你有任何影響，所以你現在完全可以忽視他們。如果你與學校裡的人合不來，那麼你不妨加入到校外的團體中去，這會促使你找到那些與你相似的人，或者及早選擇你想繼續深造的大學，或者你不妨和成年人待在一起，這也許會令你覺得快樂。你可能會與他們相處得更好，因為你已認為自己是一名成年人。

　　重要的是，做那些能夠令你覺得快樂的事情，加入到優秀的團體中去，享受其中的樂趣。找到自己的人生之路，一味的迎合別人，還不如找出令自己快樂的方法，只是做回你自己。這會帶給你意想不到的收穫。

　　給自己期望，從自己做起，做到更好。

第二篇　工作與事業

你們常聽人說，工作是禍殃，勞作是不幸。

我卻對你們說：你們工作的時候，你們完成了大地的深遠的夢之一，他指示你那夢是何時開頭的。

而你勞作不息的時候，你的確在愛生命。

從工作裡愛生命，就是通徹了生命最深的祕密。

倘然在你的辛苦裡，將有身之苦惱和養身之詛咒，寫在你的眉間，則我將回答你，只有你眉間的汗，能洗去這些字句。

你們也聽見人說，生命是黑暗的，在你疲累之中，你附和了那疲累的人所說的話。

我說生命的確是黑暗的，除非是有了激勵；

一切的激勵都是盲目的，除非是有了知識；

一切的知識都是徒然的，除非是有了工作；

一切的工作都是虛空的，除非是有了愛；

當你仁愛地工作的時候，你便與自己、與人類、與上帝連繫為一。

——〔黎巴嫩〕紀伯倫（Jubran）

你要去尋找一份工作 —— 這是生活中的事實，也是能使自己更加充實、自由的保障，及早計畫去尋找一份即能獲得高薪又可以從中享受快樂的職業。

法則 4　工作與學習的祕密

對照別人的協助，評估一下自己的行動力吧。

工作著，充實著

生存需要一定的經濟實力，這也是在這個知識經濟時代中，正常的生活方式。而這又迫使你不得不為此去尋找一份工作。

然而大多數人直到年近三十歲時才會意識到這點。但到那時你會感到茫然中不知所措，因為在這之前你似乎並沒有為此做過什麼準備和打算，比如你的一生要怎麼度過，你該如何完成你的學業，去學些什麼；你要有一份什麼樣的工作，在哪個領域裡發展？你要找一個什麼樣的配偶，建立什麼樣的家庭等等。如果你能在青少年時就考慮到這些或至少有些想法和概念，那麼你將會更好的掌握你的人生。既然要找一份工作，那麼為什麼不找一份自己很感興趣的工作？為什麼不找一份你真正喜愛的工作呢？我有一天能不能找到一份年薪 50 萬或 500 萬元的工作呢？而且從生存的角度上來說未來的一天你必須去找一份工作，你沒有其他的路可走，你要竭盡全力去做好這一切。因為只有這樣，你才會過上快樂而充實的生活。

如果你也能這麼想的話，那麼你就該及早為自己提出以下四個問題：

▸ 何謂「好」工作？

▸ 我該怎麼做才能獲得一份好工作？

▸ 社會上哪些工作更有發展？都有些什麼樣的工作？

▷ 在我的一生中，我怎樣才能不斷地獲得更好的工作？

　　如果作為青少年的你現在就開始針對這四個問題進行反省，那麼當你閒來無事的時候，你就為自己做了一件相當有益的事。你可以加速這一過程，到你 25 歲時你已經使自己行駛在了你事業的「新幹線」上了，而你的同齡人則還站在原地思索下一步該做什麼呢。

你距離好工作有多遠？

　　你要認真思考。以下的內容就如同你考慮選擇就業的機會一樣，一件好的工作常常具備以下的特徵：

▷ 你能從工作中得到樂趣。

▷ 有豐厚的薪酬。

▷ 薪資的支付方式與你的個性相對應。

▷ 能為你提供學習和成長的機會。

▷ 具有晉升的可能性。

　　所有的這些特徵都是重要的。而第一點又是重中之重，在你一生中剩下的時間裡，你每天要工作 8 ～ 10 個小時。假設從你 24 歲算起，工作到 60 歲，那麼在你人生最重要的 36 年間，你有 15 年是在繁忙的工作中度過的，因此你一定要從中獲得樂趣。否則，那種滋味絕不亞於被關了 15 年的禁閉。在以後我將與你繼續討論這個問題，並告訴你如何為從工作中獲得快樂而做好準備。「豐厚的薪酬」當然很令人興奮，但如果你真的能從工作中感受到快樂，那麼這也許就不是那麼重要了。從「真正的快樂」和「富有」當中作出選擇，大多數人都會選擇「真正的快樂」，如果你在工作中痛苦不堪，那麼富有又能怎樣？

　　薪資的支付方式也是很重要的，因為有些支付薪水的方式可能適合於

某些人，但卻不適合於其他人，在這個社會當中有許多支付薪資的方式。
請看下面的幾個例子：

> **自願工作**：你是無償為別人工作。

> **計件工作**：在完成明確的工作任務後，你會得到一份薪水，你會在成
> 衣廠看到這種計薪方式（在那裡一個人按他或她完成衣服的件數收取
> 薪水），但也可以考慮在郵遞公司和運輸公司等選擇類似這種計薪的
> 工作方式。按路途往返來給薪。

> **收取佣金的工作**：這與計件工作有些相似，其不同的是按賣貨的比例
> 或數量計薪。你依據銷售貨物的百分比從中收取佣金。這種方式很適
> 合去做房地產經紀人和汽車推銷員等。

> **收小費的工作**：你的大部分收入都來自於你收取的小費。比如在餐廳
> 做一名優秀的服務生。

> **計時工作**：按工作的小時數付你薪水。比如做家教，在速食店做小
> 時工。

> **收取固定薪資的工作**：你每個月或每年收取固定的薪資。

> **為自己工作**：你擁有自己的生意（一間餐館、印刷公司、諮商公司、
> 汽車維修鋪等）、而生意的利潤就是你的薪水。

從上面的內容方式中，你可以挑出一份很好的工作。如果你能每小時
賺 250 元或 375 元，那你已經做得很不錯了。一些高級的白領或高級顧問
也不過就賺這麼多，而做一名拿佣金的高級銷售人員也能生活得很好。像
典型的房仲，按售房價的 7% 拿佣金（精確點說諮商代理和銷售代理各拿
一半，房仲從中也分得一份）。因此，一名房仲如果每月能賣出一幢價值
100 萬元的房子，那他就是相當好的房仲了。再假設你是一名靠收取片酬

度日的演員，如果每週能有五萬元進帳，那事實上你已做得非常優秀了，就算大飯店的服務生每年光小費也會有 20 萬元的收入。要知道無論在哪種方式下工作，你都會有很不錯的收入。關鍵是要找到一份最適合自己的職業。

往往是一提到「好工作」時，大多數人腦子裡想到的都是薪水的高低，較高薪的工作一般都有如下特徵：

> 每年 15 萬元以上的收入。

> 向雇員及其家庭提供或低成本的健康保險。

> 可能會提供其他保險，平安險、傷殘保險，等等。

> 每年會有兩週的假期。

> 允許有一定天數的病假。

> 提供優雅、完善的退休養老計畫。

提供一定程度的「向上流動性」，也就是說你可以看到一條升遷的途徑。

好的工作是優秀事業的基石

一份好的工作是一項優秀事業的重要組成部分。「事業」依據《韋氏新編大學生詞典》第九版所下的定義是「在公共事業、商業領域等職業中，對成功的不懈追求」，還包含「專業的培訓及對專業永久召喚的回答」。當你在某一領域為自己建立起一項技能後，正所謂一通百通，它會幫助你很容易地進入另一個全新的世界，結果是你會在某種領域中建立自己的事業。舉個例子，假設你的第一份工作是汽車銷售員。之後你做過許多不同銷售工作，終於你成為某家大公司的銷售部經理，其結果是你在「汽車銷售」領域裡建立了一項事業，或者你可能會從銷售汽車轉向銷售

機械設備，或電子元件，你從此在銷售領域開拓了廣闊天地，無論你再做哪些銷售工作，你都得心應手。在此之後，如果你轉而步入服務或採購部門，那麼你就可以開始自己另一份嶄新的事業。最後你的副業是以「汽車經銷商」命名的。如果你是從推銷汽車開始學習銷售的，而你還有一個電子工程學的學位證書，並且你很喜歡組裝電腦和電子設備，終於有一天你可以為大公司團體銷售衛星通訊設備。那麼你則是在「技術銷售」領域裡建立了自己的事業。

與那些最低薪資的計時工作相比，勞動契約中帶有薪水協議的工作往往是更誘人的。以下各章我將告訴你那些拿最低薪資度日的工作與高薪工作之間的區別究竟在哪裡。

積極樂觀的人生，才是彩色的人生。

是什麼決定了你未來的社會地位

教育是獲得理想工作的關鍵。在現今的社會中，你的知識決定著你薪水的高低，也就是說知識量往往與薪水成正比。同時它也決定著你 90% 的社會地位，特別是當你所掌握的知識對某些商業領域具有十分重要的作用時，則更是這樣。

如果你想獲得 10 萬元以上的年收入，你就該了解到大學學位的重要性，但這並不是獲取高收入的唯一途徑。在本章後半部分我們將與你討論如何在沒有大學學位的情況下，仍然能夠享有較高收入的方法。大學學位是很重要的，可不幸的是我們中的許多人未能意識到它的價值所在。可能大學裡的有些專業毫無用處。而有些卻具有相當高的含金量。例如，如果你能馬上拿到生物工程的學位證書，那麼你的薪水可能就會非常豐厚。而與此同時，一個文組學士卻很難找到一份理想的工作。要知道，學位證書的價值並不都是相等的。

　　另一件易於讓我們有所誤解的事就是接受教育，並不一定要按照傳統的方式進行。僅僅是坐在那裡讀書或與別人交談你也一樣能學到許多東西。最有價值的是你掌握了更多的知識，而不是你怎樣才能獲得這些知識。假設有一天你發現自己無所事事，你坐在沙發上看著電視，腦子裡不斷地想「真是無聊透了，我總得找點事做呀」。再假設你想克服在找工作過程中所遇到的重重困難，為此你可以做許多不同的事來增加你的自身價值。只是在你自己來做這些事時，先不要奢求任何人的幫助。在做這些事的過程中，你會享受到無窮的樂趣。你所要做的就是去掌握一項技能，而這項技能要對僱傭你的老闆們來說很有價值，甚至它在將來能夠幫助你建立自己的公司。

遠離種種為自己開脫的藉口

　　要做自己喜歡的事情，首先要遠離種種為自己開脫的藉口，然後再從小事做起，讀讀書，和別人交談學習些基本的技能並在此基礎上不斷提升自己，如果你能堅持下去，最後你一定會熟練掌握此項技能並真正地愛上它。

　　美國著名的特效製作人菲爾·蒂貝特（Phil Tippett）就是一個典型的例子。那時他只有 13 歲，他用為電腦公司賣軟體賺來的錢買了一架拱形攝影機，拍一些活動的東西，這些東西是用吸塵器的管子和紅土塑造的。到了 17 歲時，他已經開始為一些電視公司製作移動道具了。五年之後他開始與那些後來在製作特效上很有名氣的人建立了工作與合作關係，比如像喬恩·貝治（Jon Berg）和丹尼斯·穆倫（Dennis Muren），丹尼斯曾作為一名頗有影響力的特效攝影師在電影界中工作過。在他的推薦下，菲爾也加入了轟動全球的電影「星際大戰（Star Wars）」的攝影團隊，從而一舉聞名。

　　經過調查，許多對電影界做過巨大貢獻的人都是從他們青少年時代拍攝自己的小電影或製作小特效開始的。正是因為這種青少年時代的累積，

才促成了他們不僅做成了自己喜歡的事，而且成績斐然，並找到自己的事業方向。

　　假設你很喜歡玩電子遊戲，你買了一臺電腦並準備編寫電子遊戲，你會發現在做之前你要先買一本參考書並學會一種程式設計語言，但你不知道該用什麼資料，你可以和一些程式設計人員談談，讓他們為你提供些建議。如果你不認識程式設計人員，你可以求助於學校裡的專業老師。在世界上之所以又有那麼多人一生都無所事事，很大一部分原因就在於當面對困難時，他們從少年時代起，就總在找各種藉口來為自己開脫。結果是他們一生的時間都花費在為自己的拖延、懶散尋找理由上；一生都在喋喋不休地抱怨而終無所成就。所以當你還是青春年少時，就快丟掉那些藉口吧，用實際行動來解決困難，別站在那裡發呆。選擇的權力屬於你自己。

努力到你成為一個領域的專家

　　你喜歡上網嗎？學習怎樣建立自己的網頁嗎？如果有學校、公司或民航想建立網頁，你則可以為他們提供這方面的服務。如果你喜歡汽車，可以學習汽車維修或組裝一輛你自己的汽車模型。如果你喜歡衣服，可以學習縫紉並設計具有你自己風格的時裝。如果你喜歡錢，可以了解有關股票和債券市場的知識，或了解某國乃至世界的貨幣體系。如果你喜歡繪畫，不妨買些畫版和顏料並開始嘗試著去畫畫。喜歡閱讀，試著去寫作；喜歡美食，試試烹飪；喜歡做演員，試試表演。你是否已經準備好了呢？利用你的想像力去做點什麼！尋找真正令你感興趣的事情並馬上去做，直到你成為這一領域的專家為止，要知道，沒有什麼能夠阻止你去這麼做。也許在這個國家的某個地區，有間公司正需要你的技能，而因為你又是這一領域的專家，所以他們很高興來僱傭你。不要為自己找藉口開脫。這是一個資訊與知識爆炸的時代，如果這真有什麼是你喜歡的，那就該是書籍雜

誌、網路、新聞群組和社團。在那裡你會遇到許多與你志同道合的人。你要意識到每個人每一天都在進步。

與那些熱愛自己工作的人相逢

　　當你還是個孩子的時候，如果有人問你「你長大後想做什麼？」你可能會回答說「做一名消防隊員」、「警察」、「護理師」或「老師」。孩子們只是對少數幾個進入到他們世界中的職業有所了解。一個兒童可能永遠不會回答「做雜誌的編輯或出版商」、「股票投資者」、「電腦工程師」甚至「一名校長」。兒童看不到這些職業，所以他們絕不會對此加以考慮，而作為一名青少年的你也與兒童一樣視野狹隘，這就必然限制了你對未來所要從事職業的選擇。在這個世界上有許多你沒有聽說過的高薪工作。事實上，你並沒有想到過它們。令你感興趣的往往是你所掌握的某項技能 —— 是你做得最好的事情，你可以利用它找到一份理想的工作。

　　你如何才會找到這種類型的好工作呢？你可以就此詢問你身邊的成年人：

▸ 你所從事的是什麼職業？

▸ 你為什麼要做這種工作？

▸ 你喜歡你的工作嗎？

▸ 你是如何得到這份工作的？

▸ 當你還是青少年時，你所做的第一份工作是什麼？

▸ 你的收入在什麼範圍之間？（不要問「你賺多少錢？」）

▸ 你需要做多長時間的培訓？

▸ 如果我也想得到一份你這樣的工作，我該怎樣做？

　　透過這些問題你會發現許多成年人並不喜歡他們的工作，而你則不必

在意這些人，你所要尋找的是那些能從工作中感受到樂趣，真正熱愛自己工作的人，並把精力集中到這些人身上。

你也可以深入到每個工作的背後，在那，你仍然能夠找回你自己。在工業面具的掩蓋下，存在著許多既高薪又能讓你為之感興趣的工作，注意這樣的字眼？「高薪」和「興趣」，它們會使你不致迷失自己，讓我來給你舉些例子：

在許多成功的搖滾樂隊背後有數不清的製作人、唱片公司、燈光與調音師、廣告公司、藝術家、代理商、作曲家、理財高手，等等。

在每個「TV 秀」背後都有許多做出貢獻的製作人、導演、攝影師、技工、作家、管理人員、理財專家、製作工程師，等等。

在每個職業運動員背後都有扶植他的管理人員、教練、醫生、訓練員，等等。

在每個電腦程式和網頁的背後都有不止一個程式設計人員、資料處理專家、網路系統管理員、系統操作員、廣告管理人員等。

上述工作並不一定要求有大學學歷，如果你做得出色，也會有較高的薪酬。例如，一個可信賴的長途貨運司機也會得到令你吃驚的薪水。一個優秀的油漆工也是如此。如果你能讓別人信賴你，如果你能真誠地對待你的顧客，你也一樣會在這些工作中得到豐富的回報。

記住，儘管你不是一個電視明星，不是一個搖滾歌手或一個職業運動員，但你同樣可以進入這些領域並有所作為。關鍵在於你如何去選擇，選擇後又如何去做。

給予自己正面能量，振奮自己高昂的情緒，降低自己的負面侵擾。

法則 5　優秀雇員的祕密

坦然面對自己，接受自己的優點，更要接受自己的弱點。

優秀的雇員對工作抱有熱忱

看看一個典型的年輕人是如何對待他或她的工作的。這個年輕人走進了自己的辦公室，每次老闆交辦給他或她的業務，他（她）都做得很糟糕，他（她）對自己的工作，表現不出一絲一毫的熱忱。他（她）常常抱怨這份工作是如何的令人討厭。每次老闆走過去看他在做什麼時，都會發現他不是在打電話與朋友閒聊，就是把工作做得一塌糊塗。正是因為年輕人這種不負責的表現，使得大多數成年人都對他們抱有「孺子不可教」的看法。

現在設想一下你的老闆發現你與其他的年輕人完全不同。每次當他交給你一項業務時都會得到「好的，我馬上去做」這樣的回答。有時你甚至會超前完成業務，你會把一切都安排得井井有條，而你也高興去這麼做。有時完成一件工作可能會需要四個小時，你的老闆常常在你做到一半時會過來問你「進行得怎麼樣？」而你會告訴他「一切都很順利」。對你來說，無論交給你什麼樣的工作都沒關係，因為你隨時在準備著去完成它們。

再想像一下當你的老闆把你和那些典型的青少年相比較時他會怎麼想。如果你能夠以上述方式來對待自己的工作，你將會被歸到勤奮做事這類人當中，而你也會更快地獲得成功。事情就是這麼簡單。

優秀的工作屬於優秀的雇員，這是無法改變的事實。但什麼樣的人才算得上是「優秀的雇員」呢？以下是一名「優秀的雇員」所應具備的條件：

優秀的雇員總是自動自發的做事，這是與那些懶散的雇員最大的區別。假設你是一個老闆，你有兩個雇員，一個只有在工作業務交待得很清楚的情況下才會去做，還常常會把事情搞砸。而另外一個總是能把交給他

的任務完成得很圓滿，此外他還喜歡幫助別人，似乎他總是能為顧客和其他雇員把一切都安排得很好，這樣的兩個人，你更願意與誰一起工作？你會提拔哪一個呢？答案再明顯不過了。

▸ 優秀的雇員具有強烈的責任感，他們把工作做得很好而且富有創造性。他們會對自己的行為以及由此產生的後果負責。

▸ 優秀的雇員要涉足金融領域。他們懂得怎樣做才會為企業賺錢，並致力於此，他們明白自己支票上金額的大小取決於企業是否盈利。

▸ 優秀的雇員無論對大事小事都言出必行，遵守承諾。他們尤其對一些小事更為看重 —— 像回電話，按時出席會議、宴會，等等。

▸ 優秀的雇員了解顧客（其他同事）的需求。他們總是肯花時間去關心他人，了解並滿足他們的需求。

▸ 優秀的雇員總是對他們的工作充滿熱忱，儘管這並不一定是他們最喜愛的工作。要知道，誰願意和一個整天抱怨的人一起工作呢？

▸ 優秀的雇員會為了公司傾盡全力。

▸ 優秀的雇員能夠自律，做事從不出軌。

▸ 優秀的雇員是一個出色的執行者。他們能圓滿地完成工作，並會贏得上級的信賴。

▸ 優秀的雇員是一個自勵者。在他空閒的時間裡，他常會做一些有益的事情來填補這段空白，或學習一些對工作有所幫助的新知識來充實自己。

▸ 優秀的雇員很有信用。

▸ 優秀的雇員總是超前完成任務，他們做得往往比老闆所期望的更多、更好。如果你不能付出超過薪酬的勞動，也就不會得到超額的報酬。

　　在任何領域中都沒有十全十美的人，工作中的人們都在窮一生的時間來完善自己。當你還是一個年輕人時，就該涉足不同的領域，每天為了提升自己而不斷地奮鬥。也許這需要很長的時間，因為有太多的東西在等著你去學習。你要為成為一名優秀的雇員而努力工作；為把工作做得更出色而不斷學習新的技能；你還要不斷地為公司注入新的思想並做一些對公司有重要價值的事情。例如，如果你在一家商店上班，那麼你就要學會以一種特殊的方式來接待顧客，可能的話盡量記住他們的名字；當他們進入商店時，你要以一種私人的方式來向他們問候，這樣你就會成為他們來購物的一個重要的原因，而你的老闆也一定會注意到這點。你可以學著去做一些以前自己從未經手的事情，以便你能接受更多的工作任務。你也可以為你的老闆分擔一些事情，透過向你的老闆展示這些能力，他將會委派給你更多的工作任務，讓你承擔更大的責任。

我主動，我優秀

　　如果你在一家商業公司內工作，那麼你就該花些時間了解公司的運作情況。一間有數百名員工的大型企業就像一部複雜的機器，機器的每一部分都很重要。你在這間公司裡扮演著一個什麼樣的角色？為什麼你的作用很重要？你在哪個部門工作？都與哪幾個部門打交道，為什麼？你們公司內等級制度的依據是什麼？哪些人是你們公司的靈魂人物？他們是否在你的部門內？他們是如何達到這種程度的？如果你能花時間來解答這些問題，那麼你就掌握了有關這家公司的整體概況。

　　假設你已照上面所說的做了，但你的老闆是個毫無責任心的人，而且對你所做的一切又是過分挑剔，或你發現此處沒有你發揮專長的空間，那麼你該考慮要換個職業了。如果一個老闆經常向你指派一些瑣碎雜亂的工作，你可能會想：「工作的重心究竟在哪裡？」這是個好問題。你該到那

種有發展前途的小型商業公司中去尋找工作，在那，你更能體現自身的價值，才會逐漸被推到更高層次的職位上去。也只有在那，你才會成為不可缺少的人物。

當你進入到一間小型公司，那麼不妨參考一下我為你提供的發展策略：先了解公司的概況以便你能在公司內開展工作。從學會理財、市場行銷、盤存、了解員工薪水冊、生產流程及至掌握整間公司的業務分工。一間公司內部組織的複雜程度往往是十分令人驚異的，因此這可能要花掉你幾個月、幾年甚至更長的時間來掌握這一切。然而這時，教育便顯現出了它的價值所在。你腦中的知識將隨時幫助你去熟悉公司內部的運作情況，它將向你提供一個廣闊的發展空間。

另一種發展策略對你也很有用，特別是當你在一家大公司裡，那就是向上看。向公司裡更高的管理層上看，並尋找一個令你崇拜的職位或人物，然後同與他人談談，看看要達到那種程度需要什麼樣的技巧、資歷與人格力量。或者你也可以找那些處在這個位置上的人聊聊，了解一下他們是怎樣達到高階管理層的位置的。你會發現那是一條艱辛的道路。你還可以徵求他們的意見，看看自己該怎樣做才能達到他們那種程度，然後開始收集你所需要的資料。這可能要花費很多的時間，所以你現在就可以開始了。優秀的雇員了解老闆不願見到的事情

當你在一家公司裡做事的時候，你會遇到許多優秀的和差勁的雇員。你也會遇見那些本來很優秀但卻因某些錯誤而導致自己事業失敗的雇員。你還會看到公司裡大多數年輕的雇員最喜歡做的就是抱怨，不停的抱怨。事實上，沒有人願意與怨聲載道的人一起工作，他們只會拖團隊的後腿而不會達到一點正面的作用。下面是一名愛抱怨的年輕人從他的經理那裡收到的一封信。

跳出抱怨的心理「蛋殼」

楊舟：

下面的一段文字是昨天午餐時我們談話的內容，我很願意把它回饋給你。其經過是這樣的：

你：我不想被指派去做那個三天的計畫，我想要一個時間更寬裕點的任務。

我：但是，你應該喜歡 XYZ 計畫才對，我們花了很大力氣才做到這一步，才擁有絕對的控制權。

你：〔很長的停頓〕，可我還是想……

在這裡我注意到一件事，我這麼說並不是不尊敬你，而是希望我們對彼此能有個更好的了解。楊舟，你把大量的時間都用來抱怨了，這使人感到厭煩。與你一起工作的人，包括我在內對你的印象就是你的抱怨，不停的抱怨，而其他人則正在超過你，因為他們都把精力用在怎樣來推動公司不斷地向前發展上，而不是抱怨。

讓我來幫助你換一種對待工作的態度吧，工作起來的積極就好像李青、王朋、劉毅他們那樣。你的才能清晰可見，你自己也有許多工作要做，儘管我們都不得不做一些自己不喜歡的事情，但作為一個團體我們仍能不斷地向前推進。例如，我不願意這個星期飛往上海，可我卻想在月底拿到薪水，這就必須保證公司有足夠的現金流入，我們每個月還要核對員工薪水冊。這些都是生活中的事實，讓我們把這些事實作為一個開始，公司裡還有許多事需要我們來做。問問你自己：「在這些事情中，我能做哪些對公司有幫助的事情？」、「我該怎樣充分利用我的才能？」

看看我們眼下的這個計畫，我不知你是否曾仔細地看過這項計畫，但它的確十分出色、十分吸引人。這也是一個長期的計畫，我們可能要為它

花上一年或兩年的時間，但要想完成它則毫無疑問需要你的才能，楊舟，似乎這也正是你想要的。

除了告訴我們說你不想做，你為什麼不能說：「嗨，我想我能把這項計畫做得很好，我擁有上面所要求的技術與能力，你是否能考慮把它交給我來做？」要知道積極的態度在任何時候總要好過消極的態度。

我想這才是較好的工作方式，這一定會令你感覺愉快，我們同樣也會很快樂。公司會認同你為我們的成功所做出的巨大貢獻，因為你的貢獻對我們來說是如此的重要。這樣你將在 XYZ 計畫中達到正面的作用。而且這會為你在公司內贏得無限的尊敬。

仔細考慮一下這些，它可能會讓你工作得更快樂，也會讓你更加成功。順便說一下，在這間公司工作的人都是很成功的，主動地去工作並盡你最大的努力來幫助這個團體吧。

經理

我們每個人都有人格上的瑕疵，有些我們知道但卻已定型，而有些則直到被別人指出時我們才肯承認。如果你有幸能夠遇到一位好的上司，他（她）將會幫助你克服那些妨礙你進步的缺點、壞習慣；他（她）會以一種正向的方式來幫助你，當然有時他也難免會大發脾氣。不要把這當做是私人的洩憤，也不要就此而止步不前。要把它當做一種有助益的批評來接納，因為它會幫助你完善自我。接納這些批評並在工作中不斷地改造自己，只因為儘管這是一個漫長而艱苦的過程，但對你卻有百益而無一害。

一位能夠向你提出有助益的批評的上級會對你的事業有巨大的推動作用，儘管他（她）可能會批評你，但仍會向你委派許多重要的工作任務。

另外一件老闆們不願見到的事，就是有人不能依靠自己的力量來完成他應做的工作。當有人讓你去做某些事情的時候，他們所希望看到的就是

你能獨立完成這些任務。你也許聽到過這句話「沒什麼比愚蠢的問題更令人討厭」。在人們眼中，愚蠢的問題是那種如果你肯主動地去尋找答案，你自己就可以作出回答的問題。當有人交給你一項工作時，要試著用自己的力量來完成它。如果你缺少完成它所需的關鍵要素，那麼毫無疑問你要求助於他人，這是工作中的一種普遍現象。但你為什麼不能靠自己的力量，盡可能地去尋找這些要素呢？那樣的話，你將會驚訝於你所擁有的能力，同時也會博得他人的贊同與主動的支持。

最後，你的老闆絕對不想見到的就是你無法與他人共同工作，一個公司是由許多人組成的團隊，而這種團隊卻要像一個個體那樣運作，如果團隊中的某個人認為他是不可缺少的，並經常滋事，對人不敬，那麼其他人就有權要求他離開。這種人只會擾亂別人，使人無法與之相處，很明顯他不了解這個世界到底是在怎樣運轉。因此無論他走到哪，都會處處碰壁。

非凡的技能是你履歷中最精彩的一頁

為了找到好工作，你要做兩件重要的事情，寫一份精彩的履歷和順利通過面試。現在有許多與此有關的好書可供你閱讀，而且你所在的學校也會就此為你提供一些重要的資訊。這裡我想告訴你一些事，希望它們能在這兩方面對你有所幫助。

假設有一天一家軟體發展公司的老闆正坐在她的辦公室裡，一名穿著得體的年輕人走了進來並坐下，隨即他們開始了一場談話。

他：我能否到貴公司來為你們做些有益的工作嗎？

她：但你知道該怎麼做嗎？

他：我的專業是用 C++ 程式設計語言來研究物體的定向發展，我用過 Booch 和 Rumbagh 系統方法，但只有 Rational Rose 是我作物體定向設計的主要工具。

她：你懂 MFC 嗎？

他：我懂，我對 Visrd C 和 MFC 都很熟悉，我在 GUT 方面有兩年使用 MFC 的經驗。

她：你覺得 MFC 怎麼樣？

他：我覺得它還不錯，總體來說我蠻喜歡它，我特別喜歡由微軟開發與它配合使用的整合工具。我不喜歡 CRecsrdeset dass，我寧願使用依我自己習慣設計的三層建築形式。

她：真的嗎？這麼說你也有用過 database 的經驗了？

他：是的，我對 Sybase 和 Oracle database 發動機很熟悉，我曾在環境發展應用中，用它們工作過。

在這裡我希望你注意一件事：這是一名普通的年輕人，他沒有履歷，他未預先被人通知便走進這間辦公室，坐在那只是說出了他都懂些什麼。這樣的一個人年薪可達到 25 ～ 40 萬元你相信嗎？如果他能夠坐到電腦前在 15 分鐘內證明他所說的，那麼數以千計的公司都會毫不猶豫地僱用他。他所展現的技巧相當有價值，這種技巧才是他最精彩的履歷，每個公司都渴望擁有這樣的人才。因此他才能夠任意地走到一個地方，便會找到一份好的工作。

我的觀點：你的履歷和面試技巧並不是第一重要的，如果你有一項非凡的技能（這種技能要在人才市場上有所需求），如果你能和諧地與他人一起工作，如果你能每天按時上班，並出色地完成自己的工作，那麼你才會穩定下來。

如何找出優秀的員工所需的技能？

這至少有三條途徑：

在以前的日報上查看「徵才」專欄，尋找那些空缺的高薪職業。如果

你有足夠的勇氣，那麼你可以向那些吸引你的用人公司寫信「我是一名青少年，如果將來有一天我想申請一份這樣的工作，那麼現在我該怎麼做？」可能多數的公司不會理睬你，但有少數幾個公司會給你回信，你便會從中受益匪淺。正因為你是一名青少年，所以你可以無所顧忌的寫信，一定會有很多人願意幫你。

先在一家公司裡找一份不重要的工作，然後你可以透過觀察或詢問他人而找出這間公司所需要的重要的業務技能，從這間公司的每個部門內都學些東西。

你可以問問你的父母或成年朋友，要擁有何種技能才能在他們公司內找到一份好工作。再問問他們中什麼樣的人薪酬最高，什麼樣的人令人愉快，並記下這些工作。

一封真實的來信：不停地去敲門

我舉個例子來告訴你怎樣做。下面是一個叫志偉的少年發給我的信件：

我很想能在一間大公司裡工作，用 C 語言或 C++ 語言為他們編寫應用程式，可我現在還只是個高中生。儘管我年紀不大，但我懂的比大學生還多，我在程式設計上至少下了 8 年的功夫，在 CLC 語言的使用上，也有 5 年的時間了。而且我還會 Assembly 語言，我對 paecdl 語言也很熟悉。最近幾個月我一直在自學視窗 API。

我並不是真的很想找工作，但某種直覺告訴我：你對新員工的建議可能會對我很有幫助。

謝謝

志偉

這是我給志偉的回信：

志偉：

　　我的祕書已經把你的信轉寄給我，現在我就你所詢求的問題向你提供幾點建議。

　　儘管你的信很短，但你已經告訴我一些有關你的重要資訊：

　　── 你很聰明。

　　── 你很好學。

　　── 你對自己充滿自信。

　　你將會發現許多公司都會對像你這樣的人感興趣。一旦你走進大學的校門，你就會看到你的職涯選擇將會受到某些大公司的限制（許多大公司都會在校園內進行面試），而你也只能從那裡開始。

　　讓我給你做兩個冒險的猜測：（1）你不願等得太久。（2）在一間大公司裡你可能不會得到足夠的自由 ── 這完全取決於公司。

　　因此，我鼓勵你到一間能夠理解你究竟想要實現什麼的小公司內，去尋找一片屬於你的天地，也許這困難重重，但在你找到一個能夠明白你在說什麼的人之前，你要不斷地敲門。我想這樣努力是值得的。

　　祝你好運！你現在可能還意識不到這些（也許你能……），但我相信你一定會有非凡的成就。

阿悅

　　這是他的回答：

　　很感謝你，你不知道我是多麼地渴望能從一個真正的商界人士的口中聽到這些，而不是從我的父母那裡：

　　關鍵在於，你遇到一個能夠真正理解你的夢想的人之前，你要不停地尋找。而許多人會向你潑冷水，不必在意他們，繼續尋找，直到你找到一個能從你的才華和夢想中受益的人。

工作中的晉升會使你更有成就感

在你工作後，你可能不想永遠都停留在這個職位上。你想更上一層樓，於是你便學習新的技能，賺更多的錢，承擔更大的責任。以下的內容會對你獲得晉升有較大的幫助。

盡可能多地學習有關你目前工作的知識，你要做到比這方面專家懂得還多。

學習一項能夠令你獲得更大收益的技能。一般而言，在你找到工作之後，你便可以學習其他相關領域的技能，這些技能在相同或不同的工業領域中都同樣很有價值。

學習能讓你升遷的技巧，在每間公司都很自然的有一條升遷之路。在大公司內，能讓你獲得晉升的梯子更是不止一個。向你的經理詢問有關上層職位所要求的條件，並力圖使自己符合這些條件。

學習管理的技巧、組織計畫、管理員工，並給公司帶來收益。有這些能力的人會受到眾多公司的青睞。尋找管理的機會、學習管理的課程、閱讀管理的書籍，以便有一天你能登上管理者的位置。

出色地完成工作。在所有的公司裡，能夠出色完成工作的人都會獲得晉升。看看本章開頭的內容，你會得到更多的啟示。

攀升優秀的管理者

管理者的職位，特別是一些大公司高層管理職位，是這個社會中薪水最高的工作，同時也是需求量最大的工作。如果你有心想找一份這樣的工作，那麼對你來說理解「什麼是管理者」和「怎樣成為一名優秀的管理者」就相當重要了。

想一想那些僱用收取最低薪水的工人的公司：一間工廠、速食店、百

貨商店或其他什麼。一個這樣的「邊緣」工人工作時是用不著思考的，他只是按照別人的吩咐去做，他可能只會想「我得焊接這些電線」，等等。這些邊緣工人不懂得什麼是遠景規劃。

一名管理者則會受到不同的對待。他被指派去管理一群人，一個預算，並被告知：「請完成這項工作任務。」因此，一名管理者至少需要掌握四種技能：

懂得處理人際關係，在這群人中發揮正向領導的作用，保證他們能夠愉快、有效率地工作，彼此間能夠很好地合作。

組織能力。保證所有人都在正確的時間裡做著正確的事情，以便計畫能夠按時、並在預算內完成。

團隊精神。保證自己的計畫與公司的整體利益相符。（一個部門並不是一個自由行動的實體，它要和其他部門配合工作，因此要求有團隊精神。）

會理財以確保預算能按軌道運行。

你不可能在偶然間便會掌握這四項技能。它們會貫穿你事業的始終，當你在處理每一項新的計畫和工作任務時，你會從中不斷地獲得經驗。重要的是你要運用它們來開展工作，透過不斷完善這四項特殊技能，你將會加速自己在公司內的晉升。

全力以赴，可能你就是一個傳奇人物。

法則 6　職業西裝的祕密

欣然地面對改變，勇敢地接受挑戰。

西裝是成功者的職業制服

西裝已成為生活中不可缺少的部分。事實上，西裝的歷史並不很長。作為青少年，你可能會對西裝深惡痛絕 —— 討厭它成為你生活的中心。當我年少的時候我也曾有過與你相同的感受。無論何時當我穿起這身「漂亮的衣服」時，我都覺得自己像個十足的傻瓜。

然而，當我寫這本書時還穿著西裝。我每天都要穿西裝，我很高興自己會這麼做。下面讓我向你解釋一下發生這種轉變的原因。

西裝已成為人們職業生涯中重要的組成部分，它是成功的象徵，你一穿上西裝就可以說對自己有一種暗示「我要努力獲得成功或我很成功」。這一點不但在亞洲是這樣，在很多西方國家的文化體系中也是這樣。當人們看到你身穿職業西裝時，首先會將你當作成年人去看待。它是現在的潮流。這個潮流已持續了幾十年，而且還會一直延續下去。西裝已成為準成功者和成功者的職業制服。

你不相信我？那麼去走進任何一間大型的企業大樓、法庭、高級飯店、機場和會議廳。看看那裡的人們，你會發現任何成功的或獲得晉升的人都身穿得體的西裝，而那些鐘點工、街頭的小商販，學校裡的青少年則不是這樣。如果你能儘早地理解這一點，你就會充分利用它的優勢。

你可能會問，「這是為什麼？為什麼人們要選擇這身可笑的行頭，做為他們成功和意圖的外在表現呢？它是如此的昂貴，穿在身上又是如此的刻板，而且絲毫不能遮風擋雨。為什麼？」而領帶又想表現什麼，例如：「為什麼要打領帶？」答案很簡單，這沒什麼特殊的，也沒什麼特殊的意

義，事實就是這樣。你可以並唯一能充分利用的就是它無形中的影響，當然你也可以拒絕它，但如果你能接受的話，你就會加速自身發展。

　　讓我來舉個例子幫助你理解得體的職業西裝產生的影響，假設你是一名機票代理商或是一名警員、飯店員工、服務人員或其他什麼職業經理人，在你面前站著兩個人，一個穿著大方得體的西裝，另一個是沒精打采的年輕人，一身穿戴既破又髒，或是身著休閒裝，那麼誰會獲得優先服務？當然是穿西裝的那個。而事實幾乎總是這樣。

　　看看你自己對西裝的反應，當你看到一群穿西裝的人，你會想到他們是「成年人」、「是商人」、「很成熟」。透過穿西裝，你向其他人傳遞了這些資訊。「為什麼會這樣？」誰知道！事實如此。因此你要充分利用這一點。為什麼半空中的物體會落到地上？只因這是事實，在你的生活中還有許多這樣的事情，西裝也如此。

親身體驗一下職業西裝的魅力

　　假設在看過前面討論的部分後你決定去檢驗一下這種論點是否站得住腳，你可以這麼做，也許這對你來說是個有趣的實驗。如果你是在上大學，它就容易多了。但理論上應在高中內進行。首先，你找一套西裝，如果你自己沒有西裝就不太好辦了。一身漂亮的西裝再加上領帶，襯衫和皮鞋總計要花 12,500 ～ 15,000 元。這還要取決於西裝的品質如何。到精品店去買你就不會出錯了。買一身既漂亮又莊重的西裝，這表示顏色要深沉，黑色或深藍色都可以，再配上漂亮的襯衫、領帶和光亮的皮鞋。現在無論走到哪你都要穿上這身行頭，要持續一個月，我不是在跟你開玩笑，因為你至少可能要花上一週的時間才會習慣這身打扮，然後你還要花上一週的時間來忘記你的穿戴。你同齡的朋友可能會就此而煩擾你一段時間，不必在意他們，告訴他們你在進行一項實驗。在第三和第四個星期裡等你

和你的朋友都平靜下來之後，看看人們對你和以前有什麼不同以及你自己又有什麼不同於以往的感受。這種不同是很微妙的。但你一定會注意到那些認識你的人，特別是成年人，對待你的態度會有 180 度的轉變。而那些陌生人對待你也會和以前不一樣。他們對你會有不同程度的尊重。除此之外，你還會發現西裝會改變你的言談舉止，這真是令人吃驚。另外你會注意到有相當數量的人也穿西裝。這些人都是成年人，都是很成功的商人、演藝人員，等等。在電視上出現的每位重要人士都會穿西裝。每位管理人員也都會穿西裝。你以前之所以會忽視這些人是因為你是那群「青少年跟屁蟲」當中的一員。突然之間，這些成年人出現在你眼前，只因為你加入了他們的社團。現在你會看到穿西裝的人聚在一起，而你也一定會與他們相處得很好，你會發現這些人都是成功者。

當許多青少年看到成年人的世界時，他們認為長大後透過穿衣打扮、抽菸、喝咖啡等會使自己更像成年人。他們完全誤解了成年人的概念，事實上你能進入成年人的世界是因為你穿西裝以及在行為上更接近成年人罷了。

通往成年人世界的規則

當你穿上西裝時，你就該了解通往成年人世界的道路上的其他規則，人們認為穿西裝者的行為會有某些模式，而你對此可能還不了解，下面讓我向你介紹一些基本的行為模式：

西裝的定義對於男人來說是再清楚不過了，一套西裝就是一件上衣和一條與之相配的褲子，再加上一件禮服襯衫和一條漂亮的領帶。女式西裝就是一件上衣和一條與之相配的裙子或褲子，再加上一件正統的女 POLO 衫。

除掉西裝就是「運動裝」或「輕便裝」配上一條寬鬆的褲子。（女士

是裙子）男士可以加上襯衫和領帶，女士則可配上女 POLO 衫、上衣和褲子。它們可以是不同質料、不同顏色，也不必很搭配。

除了上述兩種著裝方式外，再就是「臨時裝」，包括一件禮服襯衫和一條寬鬆的褲子。男士可以不打領帶，對於女士，長褲和裙子可以隨意調換，裙子要稍微注意一些。不要穿牛仔褲、T 恤，但主要還是依環境而定。

當兩個成年人見面時，他們會互相握手問候 —— 這是種很特殊的禮節，特別是當你第一次聽到它時。然而，這在各個國家卻都很常見。當兩個成年人第一次見面時都會伸出右手相握。握手的同時，你可以說：「嗨，我叫王亮，很高興見到您。」也許一開始你可能還不大習慣，你要實踐，實踐，再實踐。直到你能很自然地使用這種問候方式。如果你找不到練習的對象，可以找你的父母。

▸ **伸出你的手**：甚至在其他人沒有這麼做時，你也要主動伸出你的手。如果那個人對此沒有反應，則表明他或她是缺乏教養的。你可以說一些讓他感覺舒服的話像「很高興見到你！」更多的人可能是對此不了解或注意力不夠集中，而不是缺少教養。透過主動伸出你的手，你告訴別人主動權在你手上。

▸ **大聲說出你的名字**：如果一個人能夠在人前大聲說出他的名字，那等於是在向全世界宣布：「我叫王亮，我很驕傲，很誠實，我充滿自信。」如果你不夠自信，你則不敢在人前說出自己的名字。如果你不夠誠實，戴著虛偽的假面具則你總會想方設法隱瞞自己的名字。在人前大聲說出你的名字。

▸ **緊握他人的手**：當你與人握手時，要緊握對方的手並直視他的眼睛，這是誠實與自信的另一種表現方式。

- **微笑**：沒有人願意和愁眉苦臉的人交談。

- **記住他人的名字**：人們總是高興別人能記住他們的名字，你要學會使用這種技巧。由來已久的練習方法就是不斷的重複。例如「你好，我叫王亮」、「很高興見到你，王亮。我叫李思」、「很榮幸認識你，李思……」如果你忘記了對方的名字，可以請他再重複一次，像這樣：「很對不起，我忘記了你的名字。」這種事誰都會發生。

- **整齊的髮型**：對於一個穿西裝的人來說，沒有什麼比一頭零亂的頭髮更糟糕的了。剪一個職業的、商人式的髮型，也許一開始你會覺得自己很傻，事實上可能只有你和你的幾個少數的朋友會有這種感覺，而其他人更願意看到你有一個跟西裝相配的髮型。對了還要「擦亮你的皮鞋」。如果你打算這麼做，就一定要做好。

- **要事先預約**：如果你想與一個成年人談些什麼，你可以這麼說：「你現在方便嗎？」或者「我們能約個時間嗎？」要知道，人們都很忙，每個人的時間都很珍貴，因此，你要及時赴約，遵守你的每個承諾，無論大小，這很重要，人們都對此很在意。那些不能遵守小諾言的人也常常無法實現大的承諾。

- **談吐清晰**：要像個成年人那樣講話。不要再使用青少年的語言，你要透過與成年人相處學會使用「通俗易懂」的語言。這就像學外語，你在那種文化氛圍中浸泡得越久，對這種語言就越能使用得得心應手。

- **留意你的語言**：不要出言不遜，也不要大喊大叫。

- **要彬彬有禮**：西裝能增加你成功的心理效應。

假設在許多公司裡，你是唯一在辦公室裡穿西裝的人，往往這種情形會讓你看出西裝所產生的心理效應。如果有一個陌生人走進公司看到你，他毫無疑問地會把你當做公司的負責人，只是因為你穿著西裝。你是唯一

穿西裝的人，所以你知道接下來會發生什麼。如果你肯留心，你會看到這種事情經常發生，透過穿西裝，你可以充分利用這種心理效應。

你會發現，如果你在穿著和言談舉止上像個成年人，那麼人們就會把你當做成年人來對待，尤其對年輕人來說，更會產生巨大的優勢。在商業領域裡穿西裝能夠向你周圍的人及時地傳遞出你在態度和意圖上的資訊。

把你的思緒放在你想成就的目標上，才會有真正的凝聚力量。

第三篇　婚姻與愛

愛不僅僅是互相說著，「啊！你真可愛。」很多時候我們有一切優點但絕不可愛。

愛是同心眺望。它連結我們的力量去推動那共同的重擔，它使我們手牽著手，一同邁向光明的遠方。

愛是在我們力量衰弱時，可以向另一個關切的人身上借得的額外的力量。

愛是屬於永恆的，因為永恆就是愛。當我們相愛時，正如觸摸到了永恆的衣角。

愛是知道他人關懷自己的一種感受，因此人生將永不孤寂。

愛是奇妙的意識，它使你知道有人分擔自己的憂愁，更因著這分擔減輕了你的憂愁；它也使你的喜樂豐盛，同時並因另一個人的喜樂使你的快樂倍增。

——〔英〕史堪納

　　你可能已經注意到自己似乎經常會因為異性而心煩意亂，在這個章節裡我將會為你解釋這些「生活中的事實」，並告訴你這對你的現在和將來都意味著什麼。

法則 7　愛的祕密

　　愛是一顆星，一切迷途的船隻，雖然不懂得天文，卻靠它引導。

愛是生命的核心

　　愛是生活的基石，對所有人，特別是我們來說則更是如此。愛是人們生活的中心，可能你對此已有所了解。如果你看到在你的內心深處，你有多少時間是在感懷異性、夢見異性、對異性存疑或對異性失落。那麼你便可以了解到這個話題是多麼的重要。

　　正因為愛是如此的重要，所以它才會常常使人感到迷惑和沮喪。我記得當我還是少年時，曾對此有過深深的體驗。我曾問過自己一連串的問題。包括：（如果你是一個女孩請把問題中的「女孩」換成「男孩」）

▸ 為什麼感覺女孩子都討厭我？

▸ 為什麼我會在女孩子面前表現得笨拙？

▸ 為什麼我總是想看那些女孩子，儘管我並不想這麼做？

▸ 為什麼失戀會對我傷害得這麼深？

▸ 為什麼其他人似乎沒有這些問題？為什麼他們能夠走近那些女孩與她們自由地交談、約會外出並玩得很高興？為什麼那些人會是運動員？

▸ 為什麼漂亮的女孩會是那副盛氣凌人的樣子？

▸ 為什麼許多女孩會喜歡那些像傻瓜一樣和那些粗魯地對待她們的人，
　我對她們很好，可這並不能讓一切都好起來，為什麼？

▸ 什麼是嫉妒，為什麼我會對此如此氣憤？

▸ 有人肯嫁給我嗎？

▸ 什麼時候？

▸ 為什麼不是現在？

▸ 我怎樣才會知道這就是我要追求的女孩？

▸ 什麼是婚姻？為什麼我們要結婚？

▸ 什麼是愛？我是說，它為什麼要現在開始？

▸ 為什麼成年人似乎不會有這些煩惱？

▸ 為什麼我父母口中的「戀愛」與我口中的「戀愛」會是如此的不同？換
　句話說，為什麼他們的愛是如此煩人，為什麼他們經常吵架，為什麼
　他們很少握對方的手？

　　你也許問過自己一兩個這樣的問題？很明顯，這些問題是如此的繁
瑣，但又是如此的重要。

　　要想更好的理解愛和留住愛，一個方法就是去體會愛，讓我們從那些
生活中與愛相關的事開始。一旦你能理解這些事實，你就轉而可以進入其
他的領域了。

愛是我們與生俱來的情感

　　生活中第一件，也是最基本的關於愛的事實就是：愛是我們與生俱來的情感。對此我們無能為力，既不能把它點燃，也無法將它熄滅。事實上，愛與人類緊密相聯，不可分割。

　　第二件關於愛的事實是在這個世界上有許多種不同的愛，當你談論愛的時候一定要認識到這點。下面讓我來為你介紹幾種你熟悉的愛：

- **父母之愛**：這是父母對子女的愛。這種愛所體現出的奉獻與關懷是其他類型的愛無法比擬的。可以說，這是最完美的愛。

- **友情之愛**：兩人之間深厚的友誼常常包括信任、奉獻、忠誠與關懷，所有這些都是愛，兩個女人，兩個男人，或一男一女，他們認識已有二十年之久，曾共同度過許多時光，可以說，他們一定很愛對方，他們能夠彼此吸引並不只是因為浪漫或是性。

- **物質之愛**：你可能會聽到別人說「我愛這臺車！」或「我愛這部電影！」這是對某種實物的愛。在這種情形下「愛」這個詞意味著「我真的很喜歡它」、「我一定要擁有它！」在極端的情況下，會是「如果我得不到它，我寧願死。」因此這種愛可以用另一個詞來代替，就是迷戀。

- **性愛**：在某種程度上，可以說性愛是物質之愛的特殊形式，是對另一個人和性的迷戀。因此有的女孩會說，「我愛湯姆・克魯斯！」或者有人看到了一個女孩的容貌時會說，「我愛那個女孩！」這就是性愛。

- **浪漫之愛**：這就是我們大多數所談論的「愛」。這種愛是友情、性關係和對結婚對象的追求，是三者的結合。它是你對所要與你組建家庭的人的追求，是你對能和你共度餘生的人的尋覓。

　　愛常常與性的吸引力結合在一起，特別是對青少年來說更是這樣。這

是有關愛的第三個事實。這種結合很強烈，也很主要。可能許多人會告訴你要把二者分離，但是當你把二者分開時，你便只擁有友情之愛，而缺少了浪漫之愛，或者你只有性愛而沒有友情。

能夠帶領你走向關於愛的第四個事實是性的吸引力。下面有關於性的四個重要內容不容你錯過：

1. 男人和女人在身體構造上，都有熱衷於性和生育的部分。你可能會對此十分驚訝。你有腳，腳是你在身體構造上，讓你熱衷於走路的部分，你有耳朵，耳朵是用來聽的部分。因此你也有熱衷於性和生育的部分。我們之所以要公開討論這部分是為了不讓你對此有任何迷惑：男性和女性都有各自不同的生殖器官，男性的生殖器官產生精子並將之輸送出去；女性的生殖器官能夠接受精子，產生卵子，並提供一個供胎兒生長發育的環境。當精子和卵子在母體內相結合時，便產生了一個新的生命體，這儘管很神奇、不可思議，但卻很簡單。

2. 生殖系統會分泌性激素（荷爾蒙），它透過血液系統來影響你的大腦。女性分泌荷爾蒙的系統很複雜，因為女性生殖系統的構造也相當複雜。你可以透過閱讀一些與之有關的書籍或百科全書來了解這一切。

3. 我們的大腦內部都有熱衷於性的物理結構和系統，在這個系統中有某一部分對血液中的荷爾蒙作出反應，其他部分則是對來自體外的刺激作出反應。

4. 生物都有繁殖的欲望。如果你也能夠這麼認為的話，就會明白人類生存的核心。你可以說，「人類生存就是為了繁衍後代。」這從生物學角度來說是正確的。透過思考這些內容你會對此有個更好的認識。為什麼細菌要存在並不停地運動著？為了繁殖細菌。沒有人會與你爭論這

個問題。為什麼果蠅會存在？為了繼續繁殖果蠅。那麼植物？魚？老鼠？狗？黑猩猩？甚至人類、人類的生存也是為了繁衍後代嗎？當然了，和其他的生物，特別是單細胞細菌相比，人類是相當複雜而有趣的。我們除了生育之外還要做許多其他的事情。

當你把這四部分組合在一起的時候 —— 生殖系統、荷爾蒙分泌系統、大腦的構造和生物繁衍理論 —— 你就會明白為什麼性對人類來說是如此的重要。你會看到：性不同於其他的事情。讓我把這句話再重複一遍，因為它是生活中一件重要的事實。性不同於其他的事情。當你發現你在問自己「為什麼我總是想著他（她）？」這就是答案。性不同於其他的事情，它是人類得以存在的基礎。

性不同於其他的事情

然而許多人卻並未意識到性與其他的事情有什麼不同。他們會說：「吃飯是很自然的事，我們每天都會不加思考的這麼做，性也是一樣！就像其他的事！我們從中享受到歡樂並不必對此擔心。」儘管這是一種生活的態度，但卻是不正確的。性完全不同於別的事情。例如，「吃」不能產生新的生命，而「性」卻能。如果有人把吃和性等同起來，那他就不能認真地對待它們。

生活中還有第五件關於愛的事實，但它常常被人們所忽略，因為它是那樣的明顯和簡單，它就是：性的目的是為了繁衍後代，它也同樣需要我們再次強調。性的目的是為了繁衍後代。

你不能把性和孩子相分離，我們在身體的構造上之所以會有生殖系統就是為了生兒育女。如果把性和孩子相分離就大錯特錯了，因為他們是不能被分開的，造成今天許多社會問題的原因就是人們忽略了這一部分。正是這種身體構造引導著我們去愛、去結婚，也正是孩子把性、愛和婚姻連

結在一起。

第六件有關愛的事實就是：愛是我們大腦中鼓勵我們組建家庭的結構。我們「戀愛」就是為了要建立一個家庭。「戀愛」與我們的大腦緊密相聯，它確保人類能夠繁衍下去，現在你看到我們完成了一個循環，又重新回到第一個事實中來。

對於愛，更讓人沮喪的是它是一種相當糟糕的情感，會產生許多心理效應。它會切斷在精神上其他各種情感的連繫。「墜入愛河」常常意味著失去判斷力，並促使你把精力集中在那些能讓你發瘋的事情上，每個人都聽過這句話「愛是盲目的」，這是事實。愛會讓你失去理智，你當然不想這樣，只是你大腦中的一部分會使你這樣做。在你的生活中，你要認真考慮這一點。

第七件關於愛的事實，就是婚姻。我們的社會（你也可以把社會這個詞定義為「在你生活範圍中的一群人」）把人們組織家庭的天性正式化並稱之為「婚姻」。男人和女人為了共同生活而結婚，生兒育女是他們連接的紐帶。

最後，第八件生活中關於愛的事實：性愛能帶來歡愉。你可能對此已有所了解。將生殖系統與大腦中產生性慾的部分相連結的是大腦中的「興奮中心」。這種連繫無疑是透過性愛所提供的直接的刺激來進一步鼓勵人們對生育的渴求。許多人（包括成年人和青少年）都忽視以下三個事實：

1. 性愛的歡愉是來自人的心理。
2. 性愛並不總是令人感覺愉快的。
3. 儘管性愛會帶給人快樂，但這並不意味著它值得讚賞。

能夠帶給你快樂的東西並不一定都是好的。那些生活多年的人都明白這個道理。

現在，你從關於愛的八種事實的內容裡找到了「什麼是愛」的答案，這也就是為什麼愛是如此複雜的原因。愛與我們的身體，我們的大腦和我們的生態進化同樣重要。這其中包含了許多肉眼看不到的東西。讓我們看看前面已討論過的內容：

生育、愛的定義、性的吸引力、生殖系統、荷爾蒙、孩子、大腦的構造、婚姻。這些都是生活中不容忽視的事，有一件事你要注意，它們錯綜複雜，交織在一起。愛、婚姻、性和孩子緊密相連。對於青少年來說很難看清它們之間的內在連繫。

青少年常常在愛／婚姻／性／孩子上發生問題。因為他們不懂得這些事物間的內在連繫，或者是因為他們故意忽視它們。例如，為什麼那些婚前性行為使得這些如此的險惡？那是因為性的目的是要繁衍後代，而孩子需要一個穩定的家庭來撫養他們長大成人。正因為青少年從未曾有過孩子，所以他們不了解性和孩子之間的連繫。你的父母總是說：「等！等！等！你還沒有到談戀愛的年齡」因為他們懂得這種連繫（例如，他們有了你）。他們知道需要一對強有力的、能夠相伴一生的夫妻來照顧這個孩子，要給他提供一個穩定的家庭。婚姻是提供這種穩定的工具。你的父母還知道撫養一個孩子會有巨大的開銷，僅僅是嬰兒在醫院出生的費用就會達到 25,000 ～ 50,000 元。你在銀行裡有足夠的錢（包括新生嬰兒的其他花費）嗎？如果沒有，自然就不要輕易涉入性的世界，就不要準備有孩子。

沒有愛做基礎的性

你能把性和孩子分開嗎？你能把愛和性分開嗎？你能把性和婚姻分開嗎？這些都是很好的問題。如果答案是「能」那麼請你思考下面的內容：

當你把性和孩子、愛和婚姻分開時，你是在濫交。沒有愛的性關係是毫無意義的。

當你把性和孩子、愛和婚姻分開時，你會得到一個少年未婚媽媽，這會給這個媽媽、孩子和那些停止供養那個未婚媽媽的人帶來許多問題，因為她無法獨立生活。

當你把性和孩子、愛和婚姻分開時，你會發生婚前性行為並與人同居。這在表面上看起來沒什麼大不了。而且許多同齡人會對你說：「我們喜歡這樣！」成年人會告訴你許多讓你等的原因。我們將在下面的章節裡展開討論這個問題。

只有當你把愛、婚姻、性和孩子放在一起時，才會對這一切有個完美的認識。我們知道這很深奧，認真考慮一會，然後再重讀這個部分。關於愛的八種事實：

1. 愛是我們與生俱來的情感。
2. 在這個世界上有許多種不同的愛。
3. 愛常常與性的吸引力結合在一起。
4. 性具有強烈的吸引力。
5. 性的目的是為了繁衍後代。
6. 愛是我們大腦中鼓勵我們組建家庭的結構。
7. 愛是一種負責任的婚姻。
8. 性愛能帶來歡愉。

兩性相愛，是人生最重要的部分。應該保持它的自由、神聖、崇高，不可強制它、侮辱它、汙蔑它、壓抑它，使它在人間社會，喪失了優美的價值。

希望別人給你什麼，先將那些給別人。

男孩、女孩的難題

你從上一節的內容中知道愛、性、婚姻和孩子是交織在一起的。你知道愛和性，不但與你的大腦，還與你的身體構造緊密相連。它為你解釋了為什麼有性，性和婚姻為什麼又是一場如此之大的「交易」。

它還解釋了為什麼我們會有愛和性的吸引力。但是，它沒有解釋為什麼你喜歡的男孩（女孩）不願和你約會，沒有解釋為什麼他（她）不知道你的存在。

因此我們需要談談這方面的一些事實，不幸的是，我有一個壞消息要告訴你：青少年之間關係的確立是完全自由的、隨意的，就好像買彩券和擲骰子一樣。這其中沒有任何規則可言。這是生活中的事實。你能越快的理解和接受它，就會對你越有幫助。

選擇了漢堡

關係是如何自由確立的呢？讓我來給你舉個例子，這會對為你解釋世界的運作方式有所幫助。在這個例子中，我要使用一下速食店的功能表。

想一下速食店的菜單，再想想主菜部分，讓我們把注意力放在四道主菜上：起士漢堡、超級漢堡、魚肉三明治和雞塊。想像一下，假設現在是午餐時間，你走進一家速食店，正決定要吃什麼，看看功能表，你腦中閃過一段獨白：「午餐，嗯，我真的很餓，吃點什麼？讓我看看，不要起士漢堡，太煩人了。超級漢堡也不過是大的起士漢堡；不要超級漢堡。也不要魚肉三明治，誰吃那種東西？我昨天吃的就是雞塊，今天不能再吃了，還是來個超級漢堡吧，我真的餓了，我想今天就吃超級漢堡吧。」

於是你選擇了一個超級漢堡。就這麼簡單，是嗎？你每天都要做出類似的決定並且絕不會再想第二遍。

現在我讓你想像一下這個餐館是以另外一種服務的方式。你不用查看

菜單和決定吃什麼，每個三明治都會自動走到你面前並與你講話。你走進一家餐館，坐到桌子前，一個起士漢堡走到你面前問道：「你今天想拿我做午餐嗎？」「不」，你回答說，接著一個超級漢堡走到你面前，「你今天中午想吃我嗎？」「不」，你說，然後是一個魚肉三明治走過來也問了同樣的問題。「沒門，我討厭魚肉三明治！」最後是雞塊，你也拒絕了它。你想了一下便把超級漢堡叫到面前說：「我今天就吃你了。」

假設你把它們都拒絕了。於是雞塊回到廚房生悶氣：「我真該死，我竟是個這樣的白痴，那個人討厭我，討厭我的內臟，為什麼我還要跑到那個人的桌子前？我知道他會說不，我什麼時候才會學乖點？我絕不會再跑到他的桌子前了。為什麼每個人都討厭我，又為什麼是那個人？事實上我挺喜歡他的。我討厭這一切，真煩人，也許我該去自殺，或者我該去一個吃素的寺廟，至少我不用再想這一切了。我討厭這裡！」

從雞塊的想法中我們看出，問題在於你對它的拒絕，而你在看待你和雞塊的關係上卻又是完全不同的。你討厭雞塊嗎？不，你是在拒絕接受雞塊嗎？不是，很明顯不是，你昨天還吃過雞塊，但正是因為這樣，所以你今天才不想再吃它，因此，你對它說「不」。

關鍵在於：當你對雞塊說「不」的時候這並不意味著什麼。這只是說你今天中午不想吃它們，沒有其他的意思，可對於雞塊來說卻把它當做是對人身的攻擊，事實上並沒有什麼特殊的意思在其中。你對雞塊說「不」的事實完全是隨意的！

一個數量遊戲

現在假設你打電話約一個女孩外出，而她卻對你說「不」你從中看出些什麼？什麼也沒有。這就好像你對雞塊說「不」一樣毫無意義。她只是為了某些原因不想和你一起吃午餐。這些原因都是很隨意的，而且你對此

也無能為力。你只能從表面上來理解它並走開，或無可奈何的抓抓腦袋。

「好的」，你說，「但為什麼最後那三個女孩也對我說不呢？」這是因為建立關係是一個「數量遊戲」。這和銷售中表現出來的道理一樣。假設你決定到一個汽車經銷商那裡去找一份汽車銷售員的工作。這是你上班的第一天，一對夫婦走了進來，你和他們交談了半個小時，但他們卻決定什麼也不買就離開了，「沒什麼」，你說，又一對夫婦走了進來，你又與他們交談了半個小時，他們決定什麼也不買也離開了，「嗯」，你說，一個人走了進來，你和他交談了一個小時，可他仍然決定什麼也不買。「我做得並不好」，你說，這時又走進一對夫妻，你和他們交談了兩個小時。他們還是決定什麼也不買就離去了。「我真是糟透了。」你說。

午餐時你和經理談起一上午的工作情形並對他說：「我真是糟透了，我不想做了。」可他卻對你說：「你並沒有做錯什麼，這是一個數量遊戲，堅持一個月你就會明白我說的是什麼意思。」於是你堅持了一個月並明白了經理的意思。他的意思是在你賣出一輛車之前你至少要和 10 到 15 個人談過，在這一個月裡，你與 150 個人交談過並賣出了 10 輛車。這就是說你在賣出每輛車之前要被拒絕 14 次。

只有在你試過 150 次並被拒絕 140 次之後，你才會對此有個清楚的認識。由於你缺乏經驗，這讓你在上班的第一天感覺很糟糕。

一個汽車銷售員會因拒絕而發瘋嗎？不會。他會把這些拒絕當做是別人對他的攻擊嗎？不會。這其中有什麼內幕嗎？沒有。並不是每個走進來的人都想買車，這是事實。相反，有什麼能幫助他提高這種銷售比例的技巧嗎？有。他可以透過詢問那些成功的銷售員，閱讀有關銷售的書籍，和看其他人是怎麼賣出車子的來學習這種技巧。

那是一種緣分

最後你會發現左邊欄裡的記號要遠遠超過右邊那一欄。這就是約會外出的數量遊戲。但是還有其他的方法來做這個遊戲。它可以用兩種方式進行。假設你發現紙上的比率是 20：1（或更高一些是 200：1 —— 這要取決於過路人的多少和周圍環境）。每 20 個從你面前走過的女人當中，有一個是你想與之約會的。

假設你始終保持 20：1 的比例，再假設你要約一個女孩外出。但你要知道她也有 20：1 的比例名單，而你卻不一定在她的名單上。事實上，你只有 5% 的機會。為什麼你沒有在她的名單上？誰知道？為什麼在每 20 個女孩中你只挑出一個吸引你的？她們當中，有些太胖，有些則太瘦，有些髮型糟糕，有些鞋子難看……你和別人一樣是易變的。為什麼有的人喜歡雞塊而有些人卻喜歡魚肉三明治呢？這沒有任何原因，這是很自由、很隨意的選擇！我們對愛的選擇也是如此。

你能從這部分的討論中看到的是，你喜歡某人而她也喜歡你並願意和你約會的可能性是微乎其微。如果每個人的平均機率是 20：1，那就是說在 400 個被約的女人當中，只有一個人會對那個男人說「可以」。多麼微小的機率！

那麼，什麼又是「一見鍾情」呢？這很難得，只有百萬分之一的機會。當你看到一個人時想：「如果這個人肯與我約會，那該有多好，她是我心儀了很久的女孩呀。」與此同時，這個人也有著與你相同的想法。這是最完美的境界，它不會經常發生，只會在極偶然的情況下出現。因為它發生的機率太低了。

與人約會這種數量遊戲完全是隨機的。你可以從中得出一些結論。也可以就此回答許多問題。讓我們往下看。

為什麼有些人總能得到心愛的女孩？讓我們假設一個人長得很英俊。那麼當他打電話約女孩外出時，他成功的機率會非常高，儘管不會是100%。這是事實。但不幸的是，那些非常有魅力的人，在人口分布上只占極小的百分比。其他人都被賦予了其他天分，並據此而活。

如何提高愛的成功機率

你是否能夠做些什麼來提高愛的成功機率呢？能。總有一些汽車銷售員要比別人做得好。這群人當中有一部分是天資很高，更多的人是透過學習和累積經驗而成功的。經驗意味著實踐，同樣你約會的對象越多則越易於成功。如果你身懷多種技巧並且許多人都喜歡你，那麼這種成功的機率就會大大增加；如果你對自己充滿自信，那麼這種機率同樣會上升。

你也可以學著去辨認信號。人們往往會對自己喜歡的人發出某種信號。年輕人並不擅長於識別這種信號，因為我們是剛剛加入這場遊戲的新手；而成年人在一哩以外就能看出兩個彼此喜歡的年輕人，因為他們了解這種信號。現在你只要在學校裡仔細觀察周圍的人，你也一定會發現這些信號的。

「為什麼我會覺得自己如此笨拙？」這是由於你既缺乏自信又缺少實踐，假設你是一個16歲的男孩，你會發現有個女孩喜歡你。你與她約會外出並吻了她。這是你一生中第一次吻女孩子。或者你們在新年聯歡會上去跳慢舞，這也是你第一次和女孩子跳慢舞。在這種情形下，你可能會覺得自己很笨拙。你怎麼知道自己做得是對是錯？你又怎麼知道別人不會嘲笑你？讓我來告訴你吧。一般而言，無論你做什麼，只要是第一次，你都會覺得自己很笨拙。而當你大一些的時候就不會再這樣。你會把這些「第一次的笨拙」當做是你成長過程中的必修課來接受。當你成年之後就會明白，每個人的一生中都有許多的「第一次」。然而，我們中的許多人，為

了某種原因，總是裝成自己什麼都懂的樣子，這樣往往讓你失去了很多學習的機會。

尋找交流的話題

你是否曾注意到當成年人見面的時候，他們的談話都是從談論天氣等，一些無傷大雅的話題開始的？他們為什麼會這樣？你可以用另外一個問題來回答：當你坐到一個與之無話可說的人（特別是你根本不想認識一個人）身旁，你是否感到非常不舒服？

說一個人擅長沒話找話，就是說這個人能夠與他的朋友或陌生人從無話可說，到找到話題進行一場生動有趣的談話。對某些人來說，這很容易，因為那很自然（有些人的自然是強裝出來的）。而對大多數人來說，這種沒話找話就很不好受了，如果你很內向害羞那麼你的感覺更會是這樣。

沒話找話是一種與生俱來的技巧，就好像走路，跑步和寫東西一樣，在某種程度上我們都會做。但要想做得好就要透過實踐來鍛鍊。

如果你想鍛鍊這種技巧，你會發現進行一場談話最難的部分就是開始。你要找出雙方都會感興趣的話題，然後進行整個談話。人們都喜歡用天氣和時事來開始談話是因為這些都是無傷大雅且每個人都感興趣的話題。當你使用這種技巧時，你要找到能為你談話服務的開篇。你也可以學習用問問題或顯示對某方面的興趣來保持談話。經過幾個月的練習後，當你使用它的時候會更容易，更自然一些。而且你還會從中得到不少樂趣，因為透過它你會遇到許多有趣的人。

此外，讓你感覺到笨拙也來自見到異性時那種「不自在」的感覺。我來舉個例子，假設你一個人在圖書館正想著自己的事情。你旁邊坐下一位你很想認識的女孩，這時你會怎麼做？你可以說「嗨，你好嗎？」看看接下來會發生什麼事，就算她是一個大人你也可以這麼做。什麼事都不會發

生的可能性較大。相反，你可以用一場精彩的談話結束這一切。然而，你沒有理由在座位上顫抖並感到不安。過去和她聊聊，看看會發生什麼事；就算什麼都沒發生，你也不必在意。她不過是個女孩子。

她是誰？她只是個女孩子？你也許會認為她是世上最好的女孩，是世上唯一為你而存在的女孩子。在那種情形下與她講話會讓一切變得不同，當你與這個你真正喜歡的女孩子講過話之後，那些恐懼的信號同樣會出現，任何錯誤都會令你失去她。你要承擔巨大的風險，於是你怯場了。

你該怎麼做才能解決這些問題呢？其實大海裡不止有一條魚，這個女孩子在你生命裡似乎很重要，但是如果你走出圖書館看看那些路過的人，你會發現每天至少會有一個吸引你目光的女孩。每週至少會看到一個令你心跳加速的女孩。每個月你至少會遇到一個你渴望擁有的女孩。如果你把注意力都集中在一個人身上，你自然就會忽略其他的女孩。

另外一件你能做的事就是去鍛鍊自己。我還記得我在上大學時發生的一件趣事。那是由於我在周圍的女孩子面前，總是覺得自己很笨拙。這是一個真實的故事，那時我決定鍛鍊自己講話的技巧。於是我走進附近的一家公園，許多老年人常常光顧那裡。他們坐在長椅上快樂的交談著：他們似乎都很喜歡與人聊天，我坐到了一個 70 歲老婦人的旁邊並試圖與她講話，因為她已經 70 歲了，所以我毫無壓力。這是我第一次做這種事，我吃驚地發現自己是如此笨拙。我竟無話可說！我不知道該如何和一個陌生人講話。過了一會，我解決了自己的問題，我跨越了年齡的障礙並和她攀談起來。在這之後不久，我便能很自然地與陌生人講話了。這種變化不是發生在一夜之間。我為此練習了好幾個月，從這件事中我學到了許多東西。

公園裡的一堂課

一天，我再次走進那個公園時，看到在長椅上坐著一個非常迷人的女人，陽光灑在她的身上將她襯托得很美。我坐到她旁邊猜想她在做什麼，之後我們進行了一場非常愉快的談話。我們很自然地談了 20 分鐘。然後呢，我們是否墜入愛河、結婚，並快樂而幸福地生活在一起了呢？不是。如果你那樣想就真是太傻了。我們只是進行了一場很輕鬆毫無壓力的談話。這是我生命中一個重要的里程碑。

公園裡的那幾堂課，教會我怎樣很自然地和女人、和陌生人講話。一次我與幾個朋友一起去參加一個聚會。在那我看到了一個非常美麗動人的女人，她的氣質令我眩目。於是我走上前，我們很自然地交談起來，這次交談使我們彼此都感覺不錯。當我再次看到她時，她還記得我，我們又聊了起來。等我們又一次相遇時，除了聊天我們決定一起走一走。不經意間，我們走進了同一間公園，終於我們墜入愛河並結了婚。

這種很自然的漸進過程就是世界的運作方式。把它和你如何處理與異性的關係比較一下，首先你發現一個吸引你的人，你開始夢見他或她。這種狀況持續了幾個星期直到你無法再忍受下去。你終於鼓起勇氣，帶著萬分的緊張撥通了電話，約他或她出來見面，然後……你得到的是拒絕！你失望到了極點，當你再次遇到那個人時，你自認為所遭受的巨大屈辱會驅使你向相反的方向跑去。這是一種正確的做法嗎？當然不是。

而成年人做事的方式則與此完全不同。他們不會對某個人朝思暮想、輾轉反側，大多數成年人，只會互相走上前並自由地交談。這種談話完全沒有壓力。有些信號可能會發出，也可能不會，或許兩個人的關係已經確定下來了，這種事往往發生得很自然。像這種偶然的、沒有什麼特殊意義的談話會發生許多次。談話中只有一些正面的興趣而沒有公開的負面信號，那麼男士可以說：「嗨，我想來點咖啡，要我幫你倒一杯嗎？」這時女

士會說：「不，謝謝。」她這麼說並不會造成什麼傷害。或者女士可以說：「這主意聽起來不錯，你不介意我一起來吧？我也想休息一下。」在此之後是一次次的偶遇，二人間的關係就這樣在自然與順暢中建立起來了。如果彼此數不清談話的次數，那說明在他們的交往中沒有一絲的緊張不安，彼此間也從未拒絕過對方。或者你硬著頭皮繼續去打電話，你極有可能遭到對方的拒絕但不要難過，接受它，因為這是生活中的事實。

失戀是一個成長過程

在戀愛中最根本的問題就是你要面對失戀的危險。你也許聽過這句話，「愛過之後失去也要好於從未愛過。」在你失戀之前這聽起來似乎很動人，但在失戀之後就又是一個完全不同的故事了。

失戀，對你造成最大的傷害是讓你有一種上當受騙的感覺，甚至會產生輕生的念頭。你無法忍受最愛的人棄你而去。下面是一個典型失戀者的來信：

「過去，一切都很完美。我們在高中相遇，我是她的第一個男友，而她也是我的第一個女友。

在這五年當中，我把自己全部的愛都傾注在她身上。我把我的心、我的信任和我的承諾悉數交給了她。直到兩週前，我還以為她會伴我走過一生。

現在她想和別人約會。她很好奇那會怎樣，她覺得在她的生命中遇到了一個更吸引她的男子。

正因為相識這麼久，又愛她愛得如此之深，我才覺得她真的傷害了我的心。這是難以預料的，我不知道自己還能期待些什麼，我只希望她知道我依然愛她並能回心轉意。

一切都是那麼糟糕。當我發現她在注視某人的時候，我是如此的不安，我深深地感覺到自己被欺騙了，我是如此的失落和孤單。」

為什麼會發生這種事？它之所以會發生是因為戀愛關係的建立完全是隨意的、自由的，為什麼有人會愛上你，這完全沒有理由；而為什麼她（他）又會不再愛你，這同樣也沒有原因可究。當這種事發生時，你唯一能做的就是接受它，並感激你曾擁有過一段美好的時光，然後走開。

如果我的生命中沒有智慧，它僅僅會黯然失色；如果我的生命中沒有愛情，它就會毀滅。

法則 8　婚姻的祕密

你生命的重心是自己，也唯有你才能給自己最有力的肯定。

在現今的社會裡，婚姻能為我們架構穩定的家庭，一個男人和一個女人為了生活在一起而共結連理。在婚姻的契約下，他們常常會生兒育女。這張契約對孩子來說也是無害的，它保證了父母對孩子的忠誠，也保證了夫妻能夠彼此忠於對方。

婚姻是一生的承諾

我記得當我還是青少年的時候，曾以為結婚是很自然、很簡單的事情。你戀愛、結婚，然後與所愛的人快樂的生活。真是這樣嗎？這只顯示你的世界觀還很幼稚，因為你忽略了其中很重要的部分，對於一個青少年來說結婚是因為愛。而對於成年人來說，結婚是為了停留在愛中並與所愛的人終生相守，儘管作為個體的夫妻雙方會隨著時間的流逝而有所改變。就婚姻本身來說是很簡單的。只要兩個人願意，他們可以在任何時候結婚。來自婚姻的挑戰是如何使其終生不渝。

　　身為一個青少年，你也許會說：「什麼使得結婚困難？什麼又是對婚姻的挑戰？如果我能找到一個令我深愛的人，而她也深愛著我，那結婚就是很自然的事。無論發生什麼事，愛也會讓我們永遠在一起。」在本節中我想告訴你為什麼婚姻是一項挑戰，為什麼對它不能草率行事。而你又該如何理解來自婚姻的挑戰。

　　結婚後的剛開始幾個月會很輕鬆，這段時期被人們稱為「蜜月期」，它也許會持續一年，之所以會出現蜜月期，是由於夫妻雙方沉浸在新婚的快樂之中：能夠生活在一起，期待美好的未來，組建自己的家庭、性愛、信任、親密，等等。而且蜜月期的存在還是受到了浪漫之愛的影響，這種影響掩蓋了二人之間的問題與分歧。當他們意識到要用一生的時間來履行這張契約的時候也就到了蜜月期結束之時，讓我們看看如何使婚姻保持終生不渝：

　　婚姻是一生的承諾。這份承諾會產生許多好處：穩定、加強經濟力量、團結、信任，等等。然而，如果一方或雙方濫用這個承諾的話，那麼它也會產生許多不利之處。假如一個人被告知：「我們給你一份終生的工作 —— 你永遠不會被解僱。」大多數人都會繼續努力工作，但有少數接到這個資訊的人會把這當做一個保證，而變得極端懶惰，婚姻也會造成相同的影響。因此夫妻雙方都應努力避免出現這種自滿情緒。

　　婚姻意味著分享一切。分享意味著任何一個主要的決定都會涉及到整個團隊。如果夫妻雙方在某件事上無法達成一致，那麼矛盾就會由此產生。許多人喜歡在生活中自由行事。但婚姻卻迫使你做出許多妥協。如果兩個人有不同的消費習慣（一個人願意存錢，而另一個更願花錢），這就會使家庭關係變得很緊張。

　　婚姻就是要你和一個人共守一生。當夫妻雙方還在「戀愛」時，這很容易。可一旦浪漫之愛的影響逐漸減弱，或「戀愛」關係更多的是被友情所取代，而不是性的吸引力，那麼，一些小細節也會變成很大的煩人之

處。假設你與你最好的朋友一起生活了十年。那麼再用不了多久你就會覺得他煩。要消除這種感覺需要一定的技巧。

婚姻是個放大器

婚姻就好像一個巨大的放大器。當一切都很好時，那麼婚姻會使這種良好的狀態持續下去。這時夫妻雙方處在歡樂、平和的氛圍中。然而，當出現問題的時候，婚姻會把問題負面的一面擴大，正是由於它所製造的陷阱，使得事情不斷地向壞的一面發展。

你是否已經注意到許多夫妻都把時間花在了吵架上？你是否曾想過為什麼會是這樣？這是因為在有些時候兩個人想去做不同的事情。而這些事情又是互相排斥的。例如：

▸ 你想去參加朋友的婚禮，而你的伴侶要在同一天去購物。

▸ 星期天，你想去逛街，而你的伴侶卻想待在家裡好好休息一天。

▸ 你想讓房子保持整潔，而你的伴侶卻對此毫不在意。他認為家是一個無限自由、無限釋放自己的空間。

▸ 你想買一臺新的高規格筆記型電腦，而你的伴侶卻想買一個新沙發。

▸ 你想把壁櫃漆成藍色，而你的伴侶更喜歡黃色。

▸ 你想把額外的時間花在工作上，而你的伴侶卻希望你能回家吃晚餐。

你每天都要面對一種或兩種這樣的情形，並且要持續五十年。這就是來自婚姻的挑戰，這也是為什麼你要選擇一個理想的伴侶的原因。如果你能夠找一個深愛你的，並能解決這些生活中「小問題」的伴侶，那麼你就擁有了一個美滿的婚姻，你的一生都會充滿歡樂。

如何尋找理想的伴侶

正是因為婚姻與家庭連繫得如此緊密，所以它才是永恆的。也正因為它是一個重大的決定，無論是結婚還是離婚都要做出巨大的犧牲，所以成年人才會對此不斷地加以強調。當你和所愛的人結婚時，你們都要對你們的朋友宣布，你們會終生不渝。而且你還要向他人宣布，你進入了成年期，已經開始獨立並建立了自己的家庭。你的朋友們都明白這是一個多麼重大的決定，他們會送一些結婚禮物，希望能對這個新家庭的成立有所幫助。你可以設想一下，100 年前一對戀人在一個小鎮裡結婚，這對夫妻開始組建屬於自己的家。小鎮裡的人們都紛紛送出了新婚禮物。這會使這個新的家庭更易於建立起來。回想一下本書開篇裡的內容，你已了解到建立一個家需要多麼巨大的開銷。婚禮上收到的禮物會幫助你度過這段艱苦時期。

你已看到了婚姻是一個多麼重大的決定。它不是週末的一場宴會 —— 而是你對所愛的人一生的承諾。因此你的父母會希望你能找到一個「理想」的伴侶。

- 能幫助你處理家務的人。
- 穩重、善良的人。
- 性格溫和的人。
- 工作勤奮，並擁有一份好工作的人。
- 這個人會成為合格的父親或母親。

上面這些是最基本的條件。

作為一個好的配偶還應具備的一些優秀特質：

▹ **信任**：當夫妻間能夠絕對的信任對方時，他們彼此就會擁有很大的自由空間並能夠充滿信心地走完一生。

▹ **忠誠與責任**：夫妻雙方的信任是建立在忠誠與責任基礎上的。許多人結婚時都帶有這樣的想法：「如果我不喜歡，我就到別處去睡或乾脆離婚。」這是造成婚姻災難的禍首。婚姻就是要你對自己所愛的人負責任。

▹ **互助**：作為生活中的伴侶，夫妻間要能夠互相幫助。如果兩個人能夠同心協力，那麼婚後生活要比單身生活好生活得多。

▹ **友誼**：好的夫妻應該是一對知己好友，他們會從這份友情中獲得無限的歡樂。

▹ **親切**：夫妻間除了愛和友情之外，彼此還要能夠親切地善待對方。

▹ **耐心與理解**：好的夫妻能夠理解，並原諒對方所犯的錯誤。

▹ **接納與支持**：好的夫妻要能夠接納對方。當一方陷入困境時，另一方要表示出對他或她的支持。

如果一對夫妻能夠在婚後表現出這些特質，那麼他們的婚姻就是成功的。如果他們缺少這些特質當中的一個或多個，那麼你可以在某種程度上說這場婚姻是失敗的。

以下事情常常會引發婚姻的破裂：

▹ **錢財上的不一致**：如果一個人較節省，而另一個卻喜歡消費，那麼由此而引發的矛盾極不易被消除。

▹ **懶惰**：如果夫妻中的一方不願意花力氣來整理家務，那麼由此而產生的矛盾會為生活創造許多壓力。

▹ **倔強**：如果夫妻中有一方或雙方都不肯妥協，那麼這段婚姻很難再維持下去，婚姻依賴於互相理解，終要有一方要做出讓步。

- **不忠誠**：婚姻的支點就是要「一生忠實於你的配偶」。當你違背了這一條的同時，這場婚姻也就宣告結束了。

- **對待孩子上的不一致**：如果一方想要孩子，而另一方不想，那麼你們最好不要結婚。這種分歧永不會被消除，因為無論一方怎樣做，也不會使另一方滿意。

- **肉體或精神上的虐待**：受虐待的一方將無法維持他或她的健康與安全。

- **其他**：酗酒或毒品會毀滅任何一場婚姻。

作為一個青少年，你可能從未把婚姻想得如此複雜。你是怎麼想的呢？然而，你要把婚姻理解到這種程度並能認真地對待它是很重要的。當你結婚時，你就要在你一生中剩下的時間裡始終如一地忠實於你所愛的人。一般而言，你做出這種承諾是為了建立一個家庭。把這點牢記在心中，你就會明白為什麼你的父母會把婚姻看做是一場巨大的挑戰了。

面對婚姻的利與弊

透過上面的討論，你會看到婚姻中的有利之處與不利之處。有利的是：

- **無條件的愛和持續的穩定**：你不用再擔心約會、失戀什麼的。在你生命中剩下的時間裡，始終會有一個你愛的人和愛你的人。

- **降低生活成本**：一對夫妻會有更多的空閒時間和更多的錢。因為生活開銷和家務都由兩個人共同承擔。

- **自信**：當得知在這個世界上有一個始終如一愛你的人時，你總是會感到很安慰。這種承諾會給你增添無窮的自信。

- **會有孩子**：在一個穩定的家庭裡，撫養孩子是件很容易的事。

除了有利之處，結婚還有一些不利的地方：

> **你被一個人束縛住**：如果你想每週與不同的人度過，那麼你便不適合結婚。

> **你要放棄許多自由**：婚後每個決定的產出，都要經過夫妻雙方的商量。

你不得不努力維持這些優秀的特質 —— 要做到信任、忠誠、親切、耐心等這些特質並不容易。婚後你每天都要使用這些技巧，並要做到更好。如果你不願為此付出努力，那麼你便不會有美滿的婚姻。

如果你發現自己處理不好這些不利之處，那麼表示婚姻並不適合你。

婚姻成功最大的祕訣，便是把所有的災難看成是意外事件，而任何意外事件都不當做災難。

機會不會掉在你身上，生命中的每一份驚喜，唯有你採取主動。

三個與性有關的事實

作為青少年的你是否曾發生過性行為？這是你的選擇權，你對此要作出決定。就像作出其他的決定一樣，但是，有些事你要記住。下面有三個重要的事實：

> **事實 1**：如果兩個人沒有避孕保護措施便發生性行為，則很易受孕。

> **事實 2**：下面文字摘自 1996 年名為《美國科技》的雜誌：「10 個墮胎的婦女中有 6 個是採取了避孕措施的。」

> **事實 3**：發生性行為的兩個人，如果其中一個有性病，那麼另一個也很可能會被傳染上，儘管有避孕措施。

仔細考慮一下這三個事實，它們是不讓你在青少年時期與人發生性行為的重要原因。然而，它們卻不能阻止任何人。你可以看看那些感染

AIDS（愛滋病）的比率，看看每年墮胎的人數，再看看那些青少年未婚媽媽的數量。

任何成年人都認為這三個事實會制止青少年發生性行為，但成年人都忘記了對許多青少年來說，他們的身體和大腦會向他們提供相反的暗示。對於一個青少年，問題是「理智能戰勝這種暗示嗎？」你的身體會有躍躍欲試的衝動。對於你的肉體來講，性才是重要的。你能克制住自己的衝動，而等到結婚以後再與配偶發生性行為嗎？這正是問題的所在。

選擇中的責任

當你面臨性需要作出抉擇的時候，有兩件事你要記住：

1. 一旦你發生性行為，就是對由此受孕的孩子做出了一個隱藏的承諾，性的目的是繁衍後代。透過性行為你是在說，「我願意照顧這個孩子。」
2. 孩子的出生會帶來許多包袱。他要不斷地被人注意，他的花費巨大，還需要兩個人來照顧。因此，一旦你和你的朋友有了孩子，你們就要結婚。在以後的 20 年裡你們兩個要承擔起撫養這個孩子的責任。這意味著你們要失去許多個人和經濟上的自由。你可以和一個有孩子的人在一起待上一段時間，看看照顧嬰兒都需要做些什麼。這樣你就會明白自己是否低估了這一切。

如果你想發生性行為，那麼你要明白一旦懷上孩子，以後的 20 年裡你就要承擔起照顧你的朋友和孩子的重任，而且還要負責他們的幸福。孩子在醫院出生的費用是 25,000 元到 50,000 元。你有這筆錢嗎？如果沒有，你為什麼想與人發生性行為？正確的做法是你首先要找一個令自己深愛並願意與之度過一生的人，由你們兩個人一起來決定是否要孩子，然後結婚，為孩子存下足夠的錢後再要孩子。先有一個美滿的婚姻，再要一個孩

子：這是對孩子，也是對父母的最好安排。

　　作為一個未婚的青少年，你還有另外一件事要記住，你遇到了一個人，一起外出，玩得很愉快。這很好。在你的頭腦裡會有一個很朦朧的概念，那就是有一天你要結婚。最後，你遇到了一個想與之結婚的人，而且這種概念也不再朦朧。你與這個人深深地相愛了，你將與這個人共同度過你一生中剩下的時間。

　　在你們新婚的晚上，也就是你們在一起度過的第一個晚上你有兩種選擇。一個是這是你的第一次，因此對你來說很特別。如果你們兩個在一起能夠互相學習各自的感受和經驗，那麼這是一件好事。對你們來說，這也是一個非常好的新婚禮物。你的父母不能把它送給你，那沒關係，你仍然可以把它送給他或她。

　　一般而言，青少年性行為就好像毒品一樣。你做的時候可能會感覺不錯，但長久以後你會覺得很糟。那是一種「低級的快樂」毫無價值可言。它試圖把性和孩子分開，這是不可能的。記住性的目的是為了繁衍後代，要知道，孩子是一個長期的承諾。除非你願意做出這個承諾，否則就不要有孩子。如果你想做出這個承諾，為了孩子著想你還是要先結婚。這是生活中的事實。

　　要記住，愛情是意味著對你愛侶的命運承擔責任。愛，意味著奉獻。把自己的精神力量獻給愛侶，為他締造幸福。

第四篇　我的信念

對愛情的渴望，對知識的追求，對人類苦難不可遏制的同情，是支配我一生的單純而強烈的三種感情。這些感情如陣陣颶風，吹拂在我動盪不定的生涯中，有時甚至吹過深沉痛苦的海洋，直抵絕望的邊緣。

我所以追求愛有三方面的原因。首先，愛有時給我帶來狂喜，這種狂喜竟如此有力，以致使我常常會為了體驗幾小時愛的喜悅，而寧願犧牲生命中其他一切。其次，愛可以使人擺脫孤寂——身歷那種可怕孤寂的人的戰慄意識會由世界的邊緣，觀察到冷酷無生命的無底深淵。最後，在愛中，我看到了古今聖賢及詩人們所夢想的天堂的縮影，這正是我所追尋的人生境界。雖然它對一般的人類生活來說也許太美好了，但這正是我透過愛，所得到的最終發現。

我曾以同樣的情感追求知識，我渴望去了解人類的心靈，也渴望知道星星為什麼會發光，同時我還想理解畢達哥拉斯的力量。

愛與知識的可能領域，總是引領我到天堂的境界，可對人類苦難的同情卻經常把我帶回現實世界。那些痛苦的呼喚經常在我內心深處引起迴響。飢餓中的孩子，被壓迫被折磨者，給子女造成重擔的孤苦無依的老人，以及全球性的孤獨、貧窮和痛苦的存在，是對人類生活理想的無視和諷刺。我常常希望能盡自己的微薄之力去幫人們減輕這不必要的痛苦，但我發現我完全失敗了，因此我自己也感到很痛苦。

這就是我的一生，我發現人是值得活的。如果有誰再給我一次生活的機會，我將欣然接受這難得的賜予。

—— 〔英〕羅素（Bertrand Russell）

　　你完全可以掌握你的價值觀和對待人生的態度。你可以選擇快樂，也可以選擇悲傷；可以樂觀向上，也可以悲觀消極，可以積極開朗，也可以安靜內向；可以誠實正直，也可以狡猾奸詐。唯一能夠掌握這一切的只有你自己，本篇將引導你正確掌握自己的人生。

法則 9　自信的祕密

先以『放心』去面對，再以『用心』去解決。

　　回想一下前言的內容：當我還是個少年的時候，我常常覺得自己像個傻瓜，但有趣的是我卻是班裡學習成績不錯的人。在後面我要談論的關於體育運動與成長的章節，說到我以前不擅長運動，曾花了許多時間在這上面。然而後來我每天都騎幾十哩的單車。我們在關於愛的章節裡說過，以前我覺得每個人都討厭我，可現在我身邊卻有那麼多人愛我、關心我。於是你不禁會問自己：「這個人在少年時期有什麼不對嗎？」這種「不對」對我們中的許多人來說都是一樣的 ── 那就是缺乏自信，心理學家把這種情況稱為「缺乏自尊」。無論你怎樣稱呼它，它都是你對自身價值和能力的懷疑。

缺乏自信者與成功無緣

　　缺乏自信是件很可怕的事，它剝奪了你許多成功的機會，浪費掉了你寶貴的時間，甚至會啟動那些能傷害你的情感，將你打垮。在極端的情況下，它甚至會使你走上自我毀滅的道路。

　　如果你是一名缺乏自信的少年，那麼我知道當我對你說：「你是一個不錯的人，一定要對自己有信心。」此時你會怎麼想？你會想：「是的，對你可能是這樣，但這並不是指我，我是一個失敗者，是個傻瓜。我生活在

痛苦中，我討厭自己。」或者你並不像上面所說的那樣極端，只是稍微有
點厭惡自己。

　　在本章中我們要做的就是教導你以另外一種方式來認識世界，認識自
己。這些也許對你未必會有作用。但我希望你能對我們所討論的議題，認
真加以思考，一週後再重讀此章。如此循環下去，並不停地思考，大約過
了十週，你就會看到發生在你身上的變化。我們的目的就是要引導你開始
這一過程。這種自信心的變化將會帶領你走向成功。

先學會接納自己

　　讓我們從陳述一個簡單的事實開始：你是人類中的一員，在這點上你
與其他人並沒有什麼區別。你有堅強的一面，也有軟弱的地方。你有優點
也有缺點，因此你和別人一樣平等，和別人一樣有價值，和別人一樣重
要。然而你自己卻不願相信這些事實，這使得你無法把自己和別人放在同
一個天平上比較。你對自己缺乏信心，不肯承認自身的價值。

　　我知道當你看到周圍的人時會想：「他有運動的天賦，她很有聰明才
智，她有……」

　　然後你可能會認為：「這些我都不擅長，無論我做什麼都做不好。」事
實不是這樣，實際上你也和別人一樣在某一領域內富有才華。你也有發展
這種天賦的欲望。在這點上，你和其他人沒有不同，唯一不同的是他們發
現並接納了自己的天賦，而且已經開始在發揮這種天賦。但你沒有，你所
欠缺的就是接納自己。

　　下面這三段真實的故事可能會對你有所啟發，第一段摘寫自湯瑪斯‧
史密斯（Thomas Smith）的《工業之光與魔術：特技效果的藝術》（*Industrial Light and Magic: The Art of Special Effects*）

　　在 1974 年，喬治‧盧卡斯（George Lucas）陷入了困境。他的經紀人拒

絕接受拍《星際大戰》的提議，影界的藝術家們也沒有同意，只有 20 世紀福斯公司（20th Century Fox）對此有些搖擺不定。但喬治卻無法把這點閃爍的亮光變成熊熊燃燒的大火。因為公司的管理人員根本不明白喬治對這部影片所懷抱的夢想是什麼。

這就是喬治·盧卡斯，那個製作了無數優秀電影的男人。在他的大腦中有一個偉大的構想，就是《星際大戰》。儘管他在許多電影上獲得了成功，但同時他也遭到了多家公司的拒絕。

自信的基礎是歷練

第二段故事來自奧斯丁·謬斯卡所著的《山姆·沃爾頓的故事》：

山姆·沃爾頓（Samuel Walton）在紐波特度過了五年，他的商店成了那裡最好的商店之一。所有從北方中心阿肯色州來的人，都到這來買只有在小石城以南，或曼非斯、田納西州以東才會看到的貨物。員警短襪、帶白羽毛的鞋和護髮用品，這一切使得山姆的商店在當地非常受歡迎。商店的前任主人開始注意商店的發展，他也喜歡山姆所做的一切，特別是商店的規模、外觀和快速增長的利潤。但最後他還是給山姆上了商業上的第一課，這個人在心裡有兩個算盤。他是當地最受歡迎的人，他的兒子就要從戰場上歸來，已經多年沒有工作了。這個年輕人回來後只能為他的父母工作，於是這個人為了把班·富蘭克林的商店讓給他的兒子，便運用商業合約上的條款把山姆·沃爾頓從這個本來有十年經營權的商店裡趕了出去。

這就是山姆·沃爾頓，沃爾瑪公司的創建人。也是他那個時代全美最富有的人之一。這段故事描述是他的第一個商店。他把全部的積蓄都投入到這間商店上，並經過五年的苦心經營取得了成功。然而由於合約上可惡的條款，他不得不把自己的成功拱手交給了別人。

自信潛藏在你的意識中

第三段故事引用取自康拉德·希爾頓（Conrad Hilton）的自傳《做我的客人》（*Be My Guests*）：

我，一個人，四處流浪著。從一個旅館到另一個旅館，從一個地方到另一個地方。我盡可能地去借筆費用，總是從這裡借 5 元，再從那裡借 5 元，運氣卻始終不夠好……正在這時，蓋爾沃斯頓的穆迪斯正準備取消我對抵押品的贖回權。他們認為我已無望贖回這些東西。我現在的債務已達到 150 萬元。我把希爾頓旅館抵押給了他們。幾個星期後，他們接管了希爾頓。接管了我妻子和母親的房子，並控制了我的合夥人的命運。我已經一無所有了。

這就是康拉德·希爾頓飯店的創建人，現在已擁有 43 萬名員工，每年要迎接 4 百萬的客人的億萬富翁。

數百萬的成功者都曾有過這樣的經歷。透過以上三段故事我只想告訴你，你現在缺乏自信，認為自己不會成功，是因為你只看到了自己的失敗之處，並把精力都集中在它們上面。你所錯過的就是「即使是充滿自信的成功者也有出錯的時候」。這是任何人都避免不了的，不論是成功者還是失敗者，不論是老人還是年輕人，這種事會不斷地發生，無論你在哪，無論你在做什麼，也無論你所走過的道路是多麼艱難。充滿自信的人和缺乏自信的人之間的區別就在於他們看待問題的方式。現在你之所以會缺乏自信，就因為你只把目光集中在失敗上，而沒有看到未來潛在的成功。

甚至是既成功又充滿自信的人也會有馬失前蹄的時候，這是生活中的事實。

成功者與失敗者之間的區別，就在於成功者能夠不斷地奮鬥直至到抵達成功的彼岸。當我們看到他們時會說：「這對你們當然很容易！」事實不是這樣，有些人偶爾獲勝，他們靠的是運氣。更多的人靠的是不懈的努力

來達到自己最終的目標，實現自己的理想，自信潛藏在你的能力與自身價值之中，它給予你力量，幫助你在逆境中奮鬥，直到你看見希望之光，並將夢想變為現實。然而如果你能夠正確地認識自信並承認它在你身上會有的作用，那麼這種艱辛也會充滿樂趣。艱辛是你為了達成理想，實現自身價值所必須付出的代價。而我們更注重的是這段努力的過程而不是結果，正是在這段努力的過程中你才更能體會到奮鬥的快樂。

自信不同於自大

自信與自大有很明顯的區別。自信是對自身能力與價值的認可。自大是對自身能力與價值的誇大，它使你認為自己是世界上最重要的人，並覺得自己勝過其他人。你不能把自信與自大對等起來，它們是兩個完全不同的概念。真正的成功者只有自信沒有自大。

與自信相反的就是自我憎惡。這是一種奇特的情感，它在青少年當中相當普遍，而且很難消除它對青少年所造成的影響。你不可能在憎惡你自己的同時又充滿自信。這兩種情感是不相容的。

與自我憎惡相反的選擇就是自我接納。自我接納，很簡單，就是把你自己作為一個很不錯、很有價值的人來接受，並喜歡你做事的方式，這就像你喜歡其他人那樣：有價值、熱愛成功、有天資。當你也能夠由於這些原因而接納並喜歡你自己的時候，你就會變得充滿自信。

七種建立自信的方法

下面有一些方法能夠幫助你消除自我憎惡的不良影響並為自己建立信心。儘管這要花費你一定的時間，但卻很有效果。

列一個能力清單，寫出你所擅長的一切。如果你覺得自己真的什麼也不會做，那麼你現在就從小事做起：如果你認為「我很會籌備一場晚會」，

那你又怎會做不好？如果你真的做不好，就學會一種能把它做好的方法，找一位能教你如何策劃、安排一場晚會的朋友，學會這些技巧，按你想像中最理想的樣子來安排一場晚會。之後，你會說：「我用自己的方式把它辦得很好。」當你想，「今天早上我會把牙齒刷得很乾淨」時，你又怎麼會做不好呢？當然，你會把許多的事情做得很好，不論大小。列出你所擅長的一切。你每天都要把它們讀一遍，並逐步做出改進。

接納讚揚。我在前言中提過我曾很難做到這一點，當有人對你進行讚揚的時候，無論大小，也無論為了什麼原因，你都要說聲：「謝謝。」這就是你接納讚揚的方式。如果你真的感覺不錯，可以說：「謝謝，對此我感覺很好。」想想你為什麼要接納讚揚。絕不要說：「在這種事上稱讚我，他一定是個白痴。」而要想：「這真是太棒了！」對於讚揚仔細想想並接納它，你會明白別人稱讚你的原因。沒有人會無緣無故地這樣做。

成功能增強你的自信心，因此你要把握住每一個可能成功的機會。這就是為什麼運動員總是充滿自信的一個原因。他們在比賽中獲勝，並泰然地接受這些勝利。

每天回家後，你至少要寫出五件你在這一天裡做得很出色的事情。有些時候可能很難找，這時你要盡力去挖掘：「今天我幫了朋友一個小忙。」、「我每堂課都準時上了。」、「我在考前複習中做得很好。」無論什麼都行。堅持把這些事情記在筆記本上。常常把它拿出來看看，找出典型事例並把它們加入到你的能力清單裡。

每個人都有超人的力量，這也許會令你難以置信，但卻是事實。把你自己當做超級英雄，你最擅長什麼？什麼是你所具有的超人的力量？問問你的父母和其他成年人對此有何感想。

說出你的名字。每次遇到與陌生人攀談時你都說：「嗨，我叫趙亮。」在一開始你可能會覺得很不舒服，但你要堅持下去。無論在何種情形下，

打電話、購物，無論在哪裡，都要說：「嗨，我叫趙亮。」直到你感覺自然為止。你的名字是趙亮，你以此為榮，你很誠實並充滿自信。這就是你在那句話中所要表達的意思。甚至在你覺得自己很傻時，也要這麼做。同時別忘了在你說這句話時要面帶微笑。

　　有些人會由於想起以前所犯的錯誤而給自己製造許多麻煩。當你一個人獨自生活，想起自己兩年前所犯下的愚蠢錯誤時，你會覺得自己真像個白痴。為什麼會發生這種事？那是由於你看到、想到、或聽到的某些事物撥動了你記憶的琴弦。每個人都會遇到這種事，尤其是對青少年來說更是如此。讓它成為過去吧，它只是你記憶中殘留的碎片，毫無意義可言。你可以對自己說：喔，它只是一種愚蠢的記憶，讓我們結束它翻開新的一頁吧，來代替從前那種不良的感覺。記住每個人都會想起過去犯下的錯誤，並不是只有你自己。你可以把它們記在筆記本上：「我記得在今天的晚會上，我把柳橙汁灑在了同學的身上，於是她在眾人面前對我大叫起來。」看看這一記錄，下回你就會更加小心一些了。

　　每個人都會犯錯。錯誤會對人們造成傷害，是因為它們常常使人難堪並陷入困境。充滿自信的人對此會說：「那沒什麼，讓我們找出一個解決的方法，下次不要再犯了。」而且這些人也會嘲笑自己這種偶然出現的愚蠢。與自信者不同的是，缺乏自信的人只會想：「上帝，我竟會犯如此愚蠢的錯誤，我真沒用，我是個白痴，為什麼我會是這樣，我恨自己，什麼時候我才能學會……」你看出這種不同了嗎？關鍵在於：這是你的大腦！讓我再重複一遍：這是你的大腦！

　　你能夠控制你的大腦要對你說些什麼。你已經看到，充滿自信的人只記得一件事，而缺乏自信的人卻說些其他沒用的。讓你的大腦對你說些有用的事情。當你想起那些愚蠢的錯誤時，把它當做過去，並轉而想一些有益的事情。不要忘記這是你的大腦，你可以控制它每天對你說些什麼。

克服自信的勁敵 ── 恐懼

恐懼是生活中無法逃避的事實。就像憤怒和愛一樣，它是你大腦中的情感，你無法將它消除，但你能控制住它。

恐懼與自信為敵。與自信相反，它不是讓你覺得自己會把事情做好，而是使你害怕把事情搞砸或擔心有什麼倒楣的事要發生。例如，假設我讓你沿著一條普通的、有一個街區長的人行道走下去。如果你不出偏差的話，我們會給你 500 元。這條人行道有 10 公尺寬。這是城郊之間或公園內人行道的標準寬度。你會對我們說：「沒問題！」很明顯，你會毫無困難地走下去。你每天都要這麼做，你會從這頭一直跑到那頭，很輕鬆地就能拿到這筆錢。

現在假設我們把這條人行道放在紐約的某兩個摩天大廈之間，讓你在這上面走過去，你現在站在 300 公尺的高空中，風在你耳邊呼嘯著，「在這條人行道上行走」，突然間你就會感到異常恐怖。這與原來有什麼區別嗎？從概念上講，毫無不同，如果你在鄉間小路上走，最多會跌倒並擦破皮，但如果是在 300 公尺的高空中行走，你卻有死亡的可能。於是你大腦中的風險因子，向你傳出「恐懼」的信號。

在許多不同的情景中，也會出現這樣的恐懼信號。由於這種潛在的恐懼或焦慮，會使你犯下錯誤並失去某些重要的東西。這就是我們之所以會崇拜那些偉大的運動員的原因。比如一位著名的高爾夫選手，在喬治亞州奧古斯塔的美國名人賽上，已經打到了第 18 個洞。此時三千萬隻眼睛在注視著他。如果他這桿成功就會贏得比賽，如果他失敗就會與冠軍無緣。我們敬重他是因為他能控制自己的恐懼從而走向勝利。體育運動能教會人們在壓力下控制恐懼，特別是在賭注很大的比賽上，做到這一點並不容易。

一個能讓你克服恐懼的方法就是透過實踐來鍛鍊自己。如果你想在兩

個摩天大廈間行走，那麼你要從不同的高度練起。這比你一開始就在摩天大廈間行走要容易得多。你可以從 10 公尺開始，然後是 20 公尺、100 公尺，一直到 300 公尺。透過這種練習你既掌握了技巧又為自己建立了信心。你要了解可能會出現的不同情況。最後你會看到那些潛在的失敗因素。你能無畏地面對恐懼，並將它完全控制住。

自信能夠給你勇氣，讓你面對恐懼，並且是人類的一種情感，只有你自如地掌握它才能將之充分利用。

自信者的思想

那麼充滿自信的人和缺乏自信的人，在思想上究竟有何不同？透過了解這種不同你會徹頭徹尾地改變自己，變得對自己很有信心。記住，沒有什麼能阻止你發生這種變化。一切都在你大腦的掌控之中。如果你想讓自己充滿信心，那麼你馬上就要開始這種變化的進程。

讓我們從陳述一個最大的差異開始。充滿自信的人和缺乏自信的人的思想完全不同。下面是一個缺乏自信的人的心靈獨白：

我的天哪！我是世界上最傻的人。我真不敢相信自己竟會愚蠢到這種程度。我今天竟會犯這種只有白痴才會犯的錯誤。我真愚蠢！我恨不得馬上去死。我什麼事都做不好……

以下是一個充滿自信的人對自己所說的話，請把這二者比較一下：

今天真的很不錯。我很高興自己今天能和吉姆這樣講話。我想我一定給他留下了深刻的印象。我很吃驚自己今天能在這種情況下做得很好。明年我就能拿到學位！我想下次我與他談話的目標是……

這裡面有一個明顯的不同。那個缺乏自信並憎惡自己的人把注意力都集中在他的錯誤、他的愚蠢上面，而忽視了自己做得好的一面。這種人總

是想起過去自己所犯的錯誤，並不斷地用它們來打擊自己。而充滿自信的人則把注意力放在好的方面，並期待自己在將來做得更好。這其中沒有什麼魔力，只有一種選擇：你是將精力集中在過去壞的一面還是未來好的一面。如果你是一個缺乏自信的人，你可能會做出負面的選擇。你要開始向正向的方面轉變。一個充滿自信的人只會說：「我很好，我很正常。一切都很好。」永遠是這樣。

一個充滿自信的人能從一些很小的事情中得到許多重要的資訊。看看已走到目的地的那些名人：

任何一名成功的商人／任何一名政界要員／任何一名電視或電影明星／任何一名體育明星／任何一名奧運的運動員

自信者看到這些人時會想：「他們都是從小開始，就像我一樣；他們在成長的過程中學到了許多東西，就像我一樣；他們也會犯錯，就像我一樣；他們也都來自底層，就像我一樣。看看他們現在站在什麼位置上，總有一天，我也會達到那種程度，就像他們一樣。現在我該怎樣幫助自己去實現理想呢？」

缺乏自信的人看到這些人時會說：「他們真幸運！我永遠都不會像他們那樣，他們天生如此。而我卻蠢的要命！我恨自己。」

有自信的人能夠實現自己的夢想。所有這些人在出生時都與你一樣。他們並沒有任何特別之處。他們有天賦，但同樣也會遇到問題，陷入困境。他們也都經歷了從孩子到青少年這段時期，什麼使得他們獲得成功？他們只是發現了自己所擅長的東西並不斷地為此努力直到他們擁有今天的一切。每個人都有天賦。你的目標就是去發現它並為此不斷努力直至成功。

只有你才是生命的重心

美國職棒大聯盟有一位非常特別的人物，他叫吉姆·亞伯特（Jim Abbott），他之所以特別是因為他是一位獨臂選手，而且是一位獨臂投手。

人們常常在電視轉播中看到他每投出一球後，熟練地將原先夾在獨臂腋下的手套快速地轉套到完好的手上，做好準備動作。而每當球傳進他手套時，他依舊能熟練地將手套內的球取出，精確地傳出去，或做出更好的投球準備。

更令人驚訝的是，亞伯特還在大聯盟的投手生涯中創下安打完封的「完全比賽」，這是連一般擁有完整雙臂的投手都很難達成的目標，更何況是在全世界水準最高的美國職棒聯賽上，他簡直是百裡挑一的一號種子。

事實上，亞伯特並非是聯盟史上第一位獨臂選手，但卻是不折不扣的第一位獨臂投手，投手在比賽中扮演著最重要的角色，常常主宰著球隊的勝敗，亞伯特之所以擁有自己獨特的天空，用他的話來說就是心底的無限自信與對棒球的一種執著的熱愛，這種自信鼓舞著他付出了比別人多百倍的訓練。

我們都曾聽過：某人為了遷就父母的想法，選了一門自己不喜歡的專業，或者娶了自己不愛的人，還有就是從事自己不喜歡的職業。

某人看別人在商場中大發利市，便盲目跟從，結果不適合自己，經營不善，虧損累累⋯⋯所有這些都是源於你缺乏自信，不相信自己能夠承擔自己的現在與未來，所以你才努力地把自己的一切依附於別人。事實上如果連你自己都不能肯定地相信自己，別人的鼓勵又能產生什麼作用呢？

別人的想法永遠不能完全代表你自己，你也絕對有權去決定要不要接受別人的意見或是受不受別人的影響。

記住：只有你才是你生命真正的重心，也唯有你給自己最有力的肯定，那才是你成長中的突破，潛能開發的最佳基礎。

想一想如下的問題：

▸ 什麼情況下，我容易有自我否定的現象？

▸ 我曾經有過的輝煌的事蹟、不凡的優秀表現有哪些？為什麼我能
實現？

▸ 對我最有效的激勵方式是什麼？

常常想想自己的好，並強化這種優秀的感覺，給予自己更多的激勵和
肯定，不用跟別人比，而只把自己當做不斷超越的目標，百分之百信任自
己，並且在每次達成目標與超越時給予最棒的鼓勵。把用鼓勵別人的話來
鼓勵自己。

自信者能夠坦然接受失敗

當一個缺乏自信的人犯錯或遭人拒絕時他會怎麼做？他會為此沮喪好
幾天。而一個充滿自信的人會勇敢地面對錯誤累積經驗，並把目光放在明
天要做的事情上。他只會向前看。為什麼要為此沮喪？這能於事有補嗎？

自信者能夠坦然接受失敗，並懂得失敗是通往成功的必經之路。只有
在經歷過失敗的淬鍊之後，你才會到達成功的彼岸。所有的成功者都曾跌
倒過。與失敗者不同的是他們能夠正面地對待從失敗中得來的教訓。

自信者能夠從批評中汲取養分從而使自己做得更好。如果是無益的批
評，他們會對此置之不理並繼續走著自己的路。如果有人走上前對你大
喊：「你不要再鑽牛角尖啦！！！」你可以這樣回答他：「走開，別浪費我
的時間。」你對此不必很在意，因為他的話很明顯是不正確的。這就是無
益的批評，你完全可以置之不理。

自信者喜歡嘗試。為了實現夢想，他們往往要試過許多次，走過許多
條路。而缺乏自信的人通常只會試一次，一旦失敗，他們便會裹足不前。

最後，缺乏自信的人會不斷遭受直接的或間接的打擊。「我是如此的愚蠢。」這是他們最常說的一句話。相反，自信者會從中尋找有益的資訊。充滿自信的人也會犯錯，但他們會把這當作學習的機會，而不是用它來毀滅自己。

你是否看出充滿自信的人與缺乏自信的人有何不同？想成為一個自信者，你要對自己說：「我是一個普通人。我有一定的天賦，但我也會犯錯。我和其他人沒有什麼不同。」在此基礎上，你要把注意力放在有益的事物上，而不是有害的事物。對於好與壞你各有一半的選擇機會。正是因為你有權選擇，所以注意好的一面要更容易些。

自信可以讓你獲得愛

充滿自信的人和缺乏自信的人在異性面前表現得完全不同。想像一下你是一個很有自信的人，正在自助餐廳吃飯。在你旁邊坐著一個非常迷人的女孩（男孩）。這令你感覺很好。你對自己很有信心，但你知道世界上並不只有這一個女孩（男孩）。你會說：「你好嗎？」這很簡單。那個人也會用同樣的方式回應你。接下來你們可能會進行一場很愉快的談話，也可能不會。但這沒有關係。如果你們相處得很融洽，你可以說：「很高興遇到你，之後我可以打電話給你嗎？」那個人也許會說：「可以。」也許會拒絕掉。在這裡沒有一絲痛苦、恐懼和勉強，一切發生得都很自然。

自信 —— 是對你自身價值的肯定 —— 它完全能夠給你這樣的生活體驗。

還有一件事你要仔細考慮一下，假設讓你回到三年級重新考試，你會覺得所有的問題都很簡單。這就是成年人似乎更充滿自信的原因。他們經歷了太多的風雨，並已能對一切應付自如。對於運動員來說，在不同的比賽中會遇到相同的情況，但他們已經知道要如何處理這些情況。在生活

中，你可以做一些事情來幫助自己更有信心。你要透過實踐來鍛鍊自己，你要不停地去嘗試直至你獲得成功。你可以想像在一年之後自己會遇到與今天相同的情況，或者試一試在本節中所提及的各種技巧，看看你自己在這段時間裡會發生什麼變化。

我們無法改變先天的缺憾，但後天的條件，絕對可以透過努力去促成。

法則 10　快樂的祕密

成長的過程是從小處開始，再逐步放眼全域，可避免不必要的好高騖遠。

看著快樂的那張臉

快樂的人要比苦惱的人生活得更富有生趣。如果能夠選擇的話，大多數人都願意與那些快樂的、面帶微笑的人走在一起。例如，我們給你一組人讓你從中選出一個與之相處兩天：

1. 一個愛抱怨的人
2. 一個痛苦的人
3. 一個吹毛求疵的人
4. 一個快樂或樂觀的人

正常人都會選擇與那個快樂的人相處。在生活中陪伴你最久、與你形影不離的是你自己。人們都喜歡和快樂的人在一起，因此你有足夠的理由讓自己快樂起來。

假設你正走在去往客運站的人行道上，這時迎面走過來一個人，那是一個與你年齡相仿、很有魅力的女人（男人）。這個人也停在了同一個客運站前。當你向客運站走時，你可以有好幾種做法：

你可以邊走邊想：「我在周圍繞一圈然後等下一輛車再上。」

你可以停下來，看著他，一聲也不吱。

你可以走到客運站，然後抱怨這該死的鬼天氣。

你可以走到客運站，對那個人說：「早上好！」

也許其他人還有別的選擇，但這四種情況是最易發生的，你會選擇其中的哪種？如果這是 4 個人，那麼你更願意與其中的哪個人交談呢？你覺得他們當中哪個人更有趣呢？當然是那個快樂的人機率最大。成功往往偏愛那些快樂的人。

每天清晨，當你起床的時候都要做出選擇。你能夠決定在這一整天裡是把注意力放在那些負面的事物上，然後弄得自己苦惱不堪，還是把精力放在那些正面的事物上，然後快樂地度過一天。

「快樂」是樂觀者和悲觀者的根本差別。你可能聽過這樣一個故事：有兩個人看到了桌子上的半杯水，在那個樂觀者的眼中，這個杯子有一半被水盛滿了，但在那個悲觀者的眼中這個杯子有一半是空的。樂觀者把目光放在正向的一面，看到了未來有「滿」的傾向。而悲觀者看到的是「空」的一面，未來只會更糟。因此，樂觀者會快樂，而悲觀者只有更苦惱。

在你思考樂觀與悲觀的時候要記住一句話，「你能做到你所期待的那樣」。如果你期待某些事情會更好，那麼它們就會越來越好。當你注意到這個杯子的時候，這兩種看法都是合理的，但是你願意選擇那個負面的還是正面的看法呢？在你站到樂觀者的一邊後，你會以正面的態度來看待世界，而一切也都會隨之越來越好。

　　讓我們來看看一個缺少快樂的女孩子的表現吧：

- ▸ 她缺乏安全感。

- ▸ 她對自己缺少自信。

- ▸ 她缺少自尊。

- ▸ 她害怕寂寞。

- ▸ 她把什麼都當作世界末日 —— 非常誇張。哪怕是一個很微不足道的錯誤，她也認為是世界末日到了，她總是惶恐不安。

- ▸ 她經常責備自己。

- ▸ 她總是很消沉。

- ▸ 她抱怨每一件事。

- ▸ 她貶低自己。

- ▸ 當她自己做錯事的時候，她總是埋怨別人。

- ▸ 如果沒有人肯上前與她講話，她就會很不安。

- ▸ 她覺得沒人喜歡她。

- ▸ 她經常說要離家出走，但從未做過，因為她的父母把她看得很嚴。

- ▸ 她很少快樂過。

　　對於這個缺乏快樂的人來說，問題在於別人根本不想走近她。他們為什麼要靠近她呢？她在抱怨什麼呢？

找回快樂的自我

　　什麼能讓你終生快樂？什麼是你在早晨醒來後對這一天所期許的？什麼又讓你相信你是世界上獨一無二的，從而對自己充滿信心呢？在所有的快樂中都要涉及到「找回自我」。當有人說「我找到了我自己」。他的意思就是「我發現了讓我是獨一無二的因素」。這意味著他從以往的經驗和過失中找到了真正令自己快樂的緣由，也就是他所擅長的東西。每個人都有自己擅長的領域，他能從這個領域中獲得快樂。有些人在他們的生命早期便發現了什麼是自己所擅長的，但大多數人則要花費較長的時間。

　　「找回自我」的另一部分是「接納自我」。你要把自己當作一個很優秀、很有價值的人來接納，你要認同自己，認為自己會像別人一樣成功，一樣了不起。

　　你不會在某天下午就「找回自我」，這是一個累積的過程。儘管這要花上你一天、一個月甚至一年的時間，但你每天都會在自己身上發現一些新鮮而有趣的東西。

　　下面是關於「找回自我」的一個有趣的方法。假設你到了一個以前從來未見過的城市裡。在這裡有許多有趣的地方 —— 美麗的公園、熱鬧的商店和其他一些名勝古蹟。但你卻不知道這些地方在哪裡。你每天都在這個城市裡探索著，每天都會發現許多新鮮而有趣的地方。一段時間以後，你覺得待在這座城市裡很舒服，並熟悉了周圍的一切。再有人來此參觀時，你便為他們當導遊，你以這座城市為榮。

　　這與你的大腦和身體的情況很相似。你已經開始了對它們的探索。每天你都會對自己有更進一步的了解。你對自己感到滿意，了解周圍的一切，並認為自己住在一個美麗的地方。這就是「找回自我」的意思。現在你正尋找什麼會使你更優秀。

　　一個缺少快樂的人能夠獨自解決這些問題嗎？能的。首先他要對自己說：「哎，我不快樂。但我不想再這樣下去了。我該怎樣做才能解決這個問題？」答案很簡單。他必須看到生活中美好的一面，並把注意力集中在這上面。只有這樣做他才能走上快樂之路。在這種正面的思想基礎上，他能夠不再貶低自己，並看看該為自己做些什麼。以下三點對他來說非常重要：

1. 正面的看待人生。
2. 停止抱怨。
3. 不再貶低自己。

「無論在什麼樣的環境下，我都要學會滿足。」
「真正的滿足是一種正面的態度，它超越了任何環境因素的限制。」

快樂從微笑開始

　　要想快樂，從這個簡單的練習開始：微笑！無論你感覺多麼痛苦，都要微笑。想一想在你生活中出現的美好事物，朝它們微笑，然後有意識地努力傾聽從你口中說出的話語。你要把那些憂愁的、抱怨的、自責的和痛苦的言語統統丟掉。如果你做得很好，那麼隨後會出現幾天的沉默。這沒關係，只是靜靜的待幾天，現在，看看你自己在想些什麼。是什麼在你的大腦裡作用，讓你說出這些話？慢慢的，你要用好的事情來充實這些言語。無論何時當你發現自己在想一些負面的事物時，你要馬上停止，轉而去想一些正面的事物。

　　下面有一個實驗我希望你能做一下。選出快樂的一天。在這一天裡你要拋棄所有的抱怨，所有的痛苦和所有不開心的事情。你要快樂，哪怕是

假裝的。當你早上起床時要告訴自己，這是美好的一天。拿出你最漂亮的衣服穿上它，讓這一天從你列出生活中最美好的事物開始。如果你陷入了麻煩，那麼你要深入挖掘，像「我有自己的生活空間，在這個世界上並不是每個人都有」。然後面帶微笑走進外面的世界，哪怕這個微笑是假裝的。無論何時，當你遇到熟人的時候，你都要朝他微笑著說：「嗨，你好嗎！很高興看見你！」你還要向陌生人打招呼，對他們說「早安！」當你走過商店時要說：「嗨，今天怎麼樣？」「我今天很愉快！」如果有一個倒楣的朋友對你說：「是什麼讓你這麼高興？閉嘴！」那麼你告訴他：「我今天就是這麼高興。」然後走開。如果有陌生人對你說：「閉上你那快樂的嘴巴！」你盡可以忽視他而繼續走你的路。在這快樂的一天裡，你會發現許多你遇到的人都會很友善地對待你。他們很想與你交談，問你為什麼會這麼快樂，他們也會對你微笑，他們願意與你在一起，因為他們也想從你那分一些快樂。

現在假設每天都是這樣。快樂能夠營造一片天空，讓這片天空下的其他人也快樂起來。一個快樂的人會影響他身邊的人，他身邊的人再去影響他人，如此輾轉波及。

快樂是一種有意識的選擇。你完全可以讓自己快樂起來，這比讓你痛苦要容易得多 —— 你只要改變一下注意力便可以了。你要把目光集中在那些美好的事物上，這樣你便會獲得快樂。我還記得我讓自己快樂起來的那天，就好像從身上卸下一個千斤重擔。我完全沒必要讓自己陷入痛苦之中，那是一個偉大的啟示。當然任何改變都不會發生在一夜之間。但是那一天卻是發生變化的開始。

主動去牽快樂的手

　　假設你被現在的處境弄得很不開心。也許你不喜歡去學校，或者你的功課不好，又或者你的男朋友（女朋友）拋棄了你。你感到很痛苦。你該怎樣做才能忘掉這些煩惱並快樂起來呢？

　　首先你要掌握主動權。你要從一個很簡單的事實開始，就是承認自己現在並不快樂，但要下決心改變這種狀況。先對你自己說，「我不快樂。」然後問你自己「為什麼我不快樂？」你要從不同層次上對這個問題作出回答。例如，如果你不高興是因為你的父母要送你去參加一個你不喜歡的夏令營，那麼想一想，究竟是什麼使你不高興。你為什麼會不喜歡這個夏令營？答案要盡可能地清楚些。

　　現在你要問自己另外兩個問題：

1. 我能改變些什麼？
2. 在這次夏令營中，是否有什麼有意思的事情被我忽略了？

　　也許在這次你不喜歡的露營中，有些事情你能夠改變。如果是這樣，那麼你要再往更深一層上想，你也可以和別人聊聊你的觀點，另外，你要對那些能讓你從中享受到樂趣的美好事物心存感激。

　　剩下的就是去應付你無法改變的事物了。試著去認清形勢的本質。你也可以和別人聊聊，看看他們是如何處理與之相似的情況。或者你可以閱讀一些有關你所面對的問題的書籍，從中尋找解決的方法。

　　透過認清形勢，改變一些事物和應付那些你無法改變的事物，你會發現自己很快樂，而且也更加成熟了。

珍愛自己快樂的心

如果你發現無論怎樣自己也快樂不起來，那麼你可能是很消沉。消沉是極度悲傷或遭人拒絕、精力渙散、失眠和對人生不抱有希望的一種心理表現。消沉所造成的影響，嚴重時會使人走上自我毀滅之路。

想想下列內容，看看與你是否相符：

▸ 我有時或經常覺得生活乏味。

▸ 我經常難以入睡或睡得太多。

▸ 我常常感到疲憊不堪。

▸ 我無法集中精力去做什麼。

▸ 我對什麼都不感興趣，我從未快樂過，我笑不出來。

▸ 我毫無價值。沒有人需要我，沒有人願意和我講話。

▸ 我常常感到悲傷或沮喪。

▸ 我經常想哭。

如果當你看到這些內容時覺得它們與你的狀況很相符，那麼你就該找個知心的朋友或心理醫生好好談一談了。在「今天並不很快樂」和「長時間感到很深的悲傷」之間有著巨大的區別，特別是當後者使你感到絕望的時候。要知道每年在一千萬到兩千萬的意志消沉者之中，有 1 萬人會用自殺來結束自己的生命。透過和心理醫生談一談，你會對自己的病情有所了解，並得到有效的治療。

不自私的給予，是獲得快樂的最有效的方法。

法則 11 自我經營的祕密

不斷地正視失敗的恐懼，直到不再恐懼為止。

生活中的兩張臉

有一件事你要知道，生活中的每件事都有正反兩面，例如，買一輛車的有利之處是你可以在任何時間去任何地方。不利之處是那要花費你許多錢，還可能會引起一定程度的汙染。養一個寵物的好處是牠能陪你做伴，壞處是你要對牠細心照料，還要承擔牠的醫療費用。

同樣的道理，作為一名年輕人其自身也有好的一面和壞的一面。但問題在於我們既不肯承認這些不利之處也不肯承認那些有利之處。所以我們才無法做到揚長避短，掌控你的弱勢。現在讓我們從認識這些不利之處開始。也許你對它們當中的部分或全部已有所了解：

和成年人相比，你要天真幼稚得多。這就是說你缺少社會經驗，因此才會犯錯和被人利用。要想克服這個問題關鍵在於你要向成年人多問問題，以避免自己犯錯。

青少年缺少經濟基礎。如果你沒有錢，便很難在這個世界上生存。你的自由會受到限制。青少年要想戰勝貧窮，一個最佳的方法就是去找工作。

18 歲以下的絕大部分青少年都與父母生活在一起。這意味著你不得不去遵守你父母立下的準則。另一方面，這還意味著他們控制著你的開銷。但他們會給你愛，會保護你，會教你做人的道理。

較差的自控能力，這常使你行為輕佻且易於被激怒。比如今天你很高興，很愛講話，那麼明天你或許就突然會很苦惱、令人不舒服，等到第三

天你也許會一聲也不吱。在這種情況下，許多異性以及你的朋友都會認為你缺乏自控能力。有時你要花很大的力氣才能控制得住自己的情緒。因此，克服這個問題的關鍵在於首先要能面對困難，然後努力控制憤怒，並要對自己有耐心。

有太多的「第一次」：第一次約會、第一次接吻、第一次開車、第一次找工作、第一次……正是因為這麼多的第一次，所以你才會由於缺少經驗而犯下許多錯誤。這些錯誤會削弱你的自信心，使你不敢認同自己。因此你最好和那些有經驗的成年人或同齡人談談，你會從中學到不少東西。你要明白有些事情的第一次並不會像你期待的那樣。所以在做事之前你要擬定計畫，至少在心裡要有個計畫，這樣事情才會較為順利些。

你不了解在你周圍所發生的一切。例如，可能許多成年人之間的談話，對你來說好像在聽天書；而報紙上議論的事，似乎又與你毫不相關。因此你要多與成年人接觸，盡可能的讓自己融入到他們的世界中去。

也許，你目光短淺，你不會為了今天而回顧過去，因此你往往會錯失許多未來成功的機會。現在你要做出長期的決定。凡事要有長遠的打算，你要學會看出目前的行為會對未來產生怎樣潛在的影響。如果你能認識到這些短處就再好不過了，你可以及早對此採取行動來克服它們的不良影響。最重要的是你要戰勝自己的天真，例如，你可以多向有經驗的成年人請教。透過學習他們的知識和經驗，你可以防止自己犯錯。

認識你的獨特優勢

現在讓我們再看看作為青少年的有利之處是什麼：

你有很多自由的時間可供支配。作為一名青少年，既不用去承擔什麼責任，也沒有什麼累贅可言，所以時間對你來說很充足。這意味著你可以去做一些需要時間的事情。例如，學一種樂器，學一門外語，學一種技

巧，等等。你可能會問：「為什麼我要學一門外語？」因為當你年齡大一些和賺到足夠的錢時，你也許想要去國外旅遊或是留學。想想你未來的打算，趁現在有時間，你要全力為此做好準備。

易於累積經驗。大多數成年人都認為年輕人很懶散。如果你是一個例外，那麼你一定會學到許多有益的東西。

許多成年人都會允許你犯錯並喜歡你問問題，但他們卻不會容忍成年人這麼做。你可以走到一個成年人面前並自由發問，「你能告訴我，你是怎樣得到這份工作並做到現在這個職位的嗎？」他們不會被激怒，只會想：「啊，現在有一個想做得更好的年輕人。讓我給他點幫助。」

你不會像成年人那樣受到經濟負擔的束縛，因此你有更大的自由。在你 18 或 19 歲時，如果你願意的話，你可以去你想去的地方。與你相比，成年人有許多負擔（家庭、工作，等等）。他們要用 3 輛汽車來拉他們的家當。你能在任何一個地區內獲得一份低薪的工作，因為你不需要太多的錢來供養自己。無論什麼時候你都可以從頭學起。

你有充沛的精力。未走進社會的年輕人總是有旺盛的精力。你可以跑很長一段路程，玩很長一段時間，可以整夜地不睡。而成年人則缺少這種精力與熱情。

初生之犢不怕虎。對於天真的你來說，有一點好處就是具有初生之犢不怕虎的精神。許多成年人不敢嘗試，他們認為不可能的事情，對年輕人來說並不是絕對不可能。年輕人這種不怕冒險的精神和活力能夠幫助他們走向成功。

你是一張空白的紙，你可以在上面隨意地寫和畫。沒有什麼能限制住你，無論你想實現什麼樣的理想和抱負。你可以選擇自己喜歡的事業。你的選擇是無限的。

作為一名青少年，重要的是你要承認這些內在有利之處的價值，並將

它充分利用。試著去寫出其他，本文中沒有提到的有利之處，看看是否能將它們也加以利用。

運用的方法不正確，將決定所達到的效果。

是我們自己的作為塑造了我們的人格。我們可以把它塑造得精美，也可使它蒙羞。

形象是你思想的眼睛

一個人的思想意識是透過他的外觀表現出來的。許多人對此都很不安，並認為這是生活中不公平的一面。事實上卻不是這樣。假設你有世界上最佳的思想意識，但如果你選擇一種不好的表現方式，那麼你的思想可能不會被人接受。為了更好地理解這一點，請你思考下列問題：

如果有人上學穿得怪裡怪氣，那麼為什麼大家會取笑他，並躲開他？

假設你與一個未見過面的人約會，時間到在你家門前停了一輛又老、又破、又髒的汽車，那麼你為什麼對他的印象會一落千丈？

當你走進一家餐館，看到一堆髒兮兮的桌子，還有老鼠來回跑，你為什麼會轉身就走？

為什麼當你走進一家又大又宏偉的銀行大樓或辦公中心時，你會覺得要比在一間既簡陋又凌亂的小屋裡舒服得多？

為什麼警員都要穿制服、開警車呢？

為什麼當你交自己的論文時，看到別人的論文都是經過排版、列印裝訂、再附上一個精美的書皮時，你會覺得不舒服呢？

為什麼許多廣告中，都有漂亮的圖畫和精緻的模型呢？

為什麼全世界的商品在包裝設計上每年要花掉 500 億美元？這就是注重外觀的原因。每個人都了解這一點。人們都是在不同程度地對事物做出

反應。儘管我們不能根據一本書的封面來判斷這本書的好壞，但我們第一眼看到的卻是書的封面，因此說書的封面也是重要的。這與你經營包裝自己是一個道理。人們依靠你的言行來判斷你這個人怎麼樣。他們是從見到你的第一眼開始判斷的。當你走到一個人的面前時，這個人對你的印象如何來自於你的外觀：

> 你的衣著

> 你的髮型

> 你的站姿

> 你的面部表情

> 你的問候方式

> 你介紹自己的方式以貌取人

正是由於存在著這種現象，你才能夠準確地猜想出別人對你的印象如何。僅僅透過你的衣著、髮型和站姿等，你就能想出別人會怎樣看待你：

你能期待別人怎樣看你？人們所看到的是你外觀的一部分，並對此做出反應。於是他們對你也會有相同的看法。另一方面：

如果你是一個男人，身穿得體的西裝，留著整齊的髮型，腳上一雙發亮的皮鞋，那麼別人會認為你很穩重且值得信賴。

如果你是一個女人，穿著漂亮的套裝，戴著精美的珠寶首飾，還有迷人的髮型，那麼人們會認為你是一個優雅大方的人。

很明顯別人會這麼想。當你看到其他人也是如此打扮的時候，你也會有同感。為什麼他們會對你有不同的看法？從上面討論的內容中，我們得出一個重要的結論，就是如果你的穿戴打扮和言談舉止像個青少年，那別人就會把你當作青少年來對待。然而，如果你像個成年人，那麼別人就會把你當作成年人來對待。

想取勝哪種市場，就做出相應的包裝

同樣的道理也適用於其他事情，無論何時，也無論你做什麼都是在向別人表現你自己。確定你的外型是最好的，你會得到任何你想要的東西。另外，你也可以選擇把自己包裝得富有創造性。但「創造性」有時會產生適得其反的效果，可這是你選擇「創造性」所必須的風險。

例如：如果你要為學校的活動寫一篇有關環境保護的文章，那麼首先你要確保文章寫得流暢，仔細而準確並符合要求。這是內容部分，當然你也想把內容寫好。接下來你要處理「包裝」這部分。透過選用質地好的紙張、整齊的排版和裝訂一個精美的書皮，你要把文章包裝到最好的程度。最後，就要看你怎樣發揮創造性了。在這個例子中，你要注意兩點，做其他事情時，你也要注意這兩點：內容和外觀（包裝）。你要盡力把這兩部分都做到最好。

許多青少年在談論「外觀」的時候，都會把它理解為「美麗」。你之所以會這樣認為是因為美麗在高中學校裡扮演著重要的角色。然而，你要明白「生理上的美麗」和「成功」毫無連繫，看看下列的成功者：

▹ 最著名的運動員

▹ 聞名的專家、學者

▹ 政治家

▹ 最顯赫的商業人士

大多數人從生理的角度上看並不美麗，也不夠時髦。但他們卻相當地成功。關鍵在於：如果你看上去不是個追求流行的人，這並不重要，重要的是你如何表現自己（你的衣著，舉止，表情和言語），是你所掌握的知識，你的個人天賦和你的理想。

正是因為外觀對於人類來說是重要的，所以你要把它牢記在心中。它

是你如何向別人表現自己和你在工作上獲得成功的關鍵所在。

　　成長中，要給自己適度的包容，接受初期的艱困，再創造最好的起步。

法則 12　是與非的祕密

　　任何一件對的、有意義的事，都值得你立即去做。

　　你也許能從童年時所看的超級英雄漫畫中回想起一句話「邪不勝正」。特別是當好人把壞人送上法庭的時候，更展現出這句話的正確性。在人生的漫漫長路上，正義所賦予你的力量，總是能及時幫助你戰勝邪惡。

　　無論是從個人還是從社會的角度上來講，正義都會最終打敗邪惡。與壞人相比，好人有更多的朋友，好人會更加成功、更加快樂、活得更長。如果你能夠注意到你身邊的人，無論是在社會和學校裡，還是在電視上，你都會發現，在許多人走上正義之路的同時，總有一些人敲開了邪惡的大門。當然這其中也存在著例外，但例外只會出現在很短的一段時間裡，這種現象在長時間內不會改變。

邪不勝正

　　為了幫助你更好地理解這一點，下面讓我們來看兩個問題：

　　正義真能戰勝邪惡嗎？走正義之路的人會獲得成功嗎？而那些邪惡的人就一定會失敗嗎？

　　答案是肯定的，你不妨想想阿道夫‧希特勒。他是邪惡的化身，全世界的人民都反對他，和他作戰並擊敗他，再想想那些犯罪的人，他們終究

會在劫難逃，鋃鐺入獄。那些毒販，不是斃命於自己所販賣的毒品之下，就是被其他的販毒者殺死，再來就是落入法網。還有那些不誠實的人，他們終究會為自己的不誠實付出代價。而好人終究會有好報。做壞事的人，不是為他們的惡行付出巨大的代價（例如入獄），就是不斷地受到良心的譴責，終生不得安寧。

為什麼正義會戰勝邪惡？為什麼這是生活中不變的事實？為什麼你知道一個人的好與壞，便能預言出他的未來？

首先，許多人都是正義的，他們不能容忍邪惡。而作為一個整體的社會也對正義有著巨大的推動作用。例如，當有人對你說謊時，你會發現這個人不值得信任，而其他人對此也會有同感。於是說謊的人便會丟掉飯碗甚至被驅逐出商業領域。

第二個原因就是做壞事的人會自食惡果。這就是世界的運作方式。也許你做過一次壞事未受到懲罰，兩次、三次後，甚至多次也是這樣，但不論如何，由此而產生的報應，終究會找上你。你種下什麼因，便會得到什麼果。

正義能戰勝邪惡的事實是促使人們多做好事的一個有力原因。俗話說「善有善報」。另外一個原因就是你的良知，你始終都無法擺脫掉你自己。

儘管良知的說法在你聽來可能已經過時，甚至還有點傻，但卻是十分重要的。你的良知使你不同於獸類。動物的行動依靠本能，牠們做某事是對大腦傳出的信號的一種反應。因此，當一隻響尾蛇受到驚嚇時會去咬牠的威脅者。當一隻大型食肉動物看到一隻帶有食物的小型食肉動物時，牠會去奪下對方的食物。這些都是本能的反應。而作為人類則與此不同，那是因為我們有一個能讓我們思考、推理和戰勝本能的大腦。使我們作為獨一無二的人類，存在於這個世界上的是我們的良知—識別好與壞、善與惡、正確與錯誤的能力。我們一直都在不斷地思考並努力去做那些正確的事情。

什麼是對的和錯的

在你的生活中每天都要做出許多小的決定，在這些決定中，你的良知指引著你去尋找什麼是正確的。在一些大事中也是如此，看到下面的內容你會對它們作何反應：

我在一家百貨公司裡看到一個我非常喜愛的帽子（錢包、鋼筆）。但是我身上沒帶錢。周圍沒有人注意。我是否應該偷偷的把它放進口袋裡然後溜走？

我打碎了窗戶，是否應該告訴別人？

我是否應該約我好朋友的女朋友一起外出？我知道她喜歡我，而我也喜歡她。

今天我有一個考試。我的朋友皮皮很聰明，並且除了這個還欠我一個人情。於是他把正確的答案都寫在一張紙上。要記下這些答案很容易，因為所有的問題都是單選題，而且也沒有人會發現。我是否應該背下這些答案？

我的父親是一個油漆工。我有時和父親一起去為別人粉刷房子。今天我們來到了一個有錢人的家裡。在他家的梳妝臺上有一支非常漂亮的手錶，父親已經準備要拿走它。我知道他經常從別人家裡拿東西。我是否該任由他這麼做？我知道他很喜歡那支手錶。

我發現了表姐不注意落在床頭上的日記。我是否該偷看？

我在商店裡撿到一個錢包，裡面有幾百元錢。我是該把它歸還給失主，還是拿走現金作為我撿到錢包的報酬然後歸還錢包？還是我留下現金，丟掉錢包？

我的朋友今晚要去撬郵箱，我是否應該和他們一起去？

今天我應該蹺課嗎？

我考得很糟，但我不能告訴媽媽，她會很傷心，她剛剛失去了工作，我就是她的希望了，我是不是應該把成績改成高分再拿給她看？

每個人都取笑昕昕，因為她很窮而且穿得也很傻氣。我不喜歡他們這樣對待她。但我的朋友說如果我不保持沉默就表示我愛上她了。我並沒有愛上她。我只是認為我們不該這樣做，為了不讓別人在背後說我，我是否也該像其他人那樣取笑她呢？

我想買一雙鞋，我是否應該從母親的錢包裡拿這筆錢，儘管我沒有問過她？

我的朋友要在老師的椅子上放圖釘，我是否該和他一起做？

我的一群朋友要去參加一個聚會，在那裡有許多牌子的香菸。那個聚會的發起人是我朋友的朋友。我的朋友們說抽菸的感覺好極了，我是否可以和他們一起嘗試一下抽菸的感覺？

面對以上的每種情形，你都能做出一個選擇。你可以選擇正確的做法，也可以選擇錯誤的做法。我們中的許多人，在該怎樣做出正確的選擇時，遇到了麻煩。下面有三個原因來告訴你為什麼年少的我們，在這些情況下，要找出正確的做法時，會陷入苦惱之中：

許多青少年從未對此停止過思考。我們只是要做某些事情（這些事情使我們「感覺很好，」或者做起來「很容易」），但這些事情常常是錯誤的。要知道我們「感覺很好」的事情並不一定都是正確的。

如果我們對此停止思考，那麼我們就無法判斷出什麼是「正確」的做法，因此沒有做出正確地選擇的道德框架。正是由於缺少這種道德框架，使得我們的良知無法正確地運作，或者說不能對我們的行為做出快速的反應。於是我們中會有些朋友在做錯事的兩三天之後會產生罪惡感，但這時可能已經為時已晚。

　　許多青少年的良知，都能夠正確地運作，而且也能做出快速的反應，但良知有時卻被其他的壓力和欲望控制住了。例如，如果人們都在一個團體中做事，那麼他們會把這個團體的行為放在第一位，甚至當他們知道這個團體在做一件錯事時也是這樣。他們之所以要這麼做，是為了使自己適應於這個團體，並能夠被團體接納。

成長中要建立自己的道德框架

　　你該怎樣做才能建立起道德框架和能幫助你分清對與錯的良知？在理論上講你父母和老師能夠向你提供幫助，但事實上卻未必如此。

　　例如，也許你的父母本身就沒有一個很好的道德框架。這可能會對你產生負面的影響。你每天會從朋友那裡和電視上接收到數以千條互相矛盾的資訊。讓我們來看一個較為極端的例子吧。你知道謀殺是一種錯誤的行為，你不必進行太多的思考。然而在電視上你看到數千人遭到謀殺。電視告訴你，謀殺可以解決各種問題。從不合作的家長，討厭的老師，到你的所謂「對手」，似乎每件事都可以透過謀殺來解決，至少在電視上是這樣。你可以就此想想那些生活中的小事，沒有什麼是很明確的。正因為生活向你提供了許多矛盾的資訊，所以你很難分清什麼是對的和什麼是錯的，除非你有一個強有力的道德框架。

　　為了分清對與錯，你需要為自己構築一個道德框架。首先你要有一個清晰的標準來幫助你衡量對與錯。然後你要學會使用你的道德框架做出決定。下面有五個問題能幫你構築道德框架和建立良知。你在任何情況下都可以透過問自己這五個問題來判斷對與錯：

1. 我要做的事會對別人造成傷害嗎？如果會傷害其他人，那它就是錯的。
2. 我要做的事會違背我對別人許下的諾言嗎？如果會，那它就是錯的。

3. 我要做的事會造成毀滅性或負面的後果嗎？如果會，那它就是錯的。

4. 我要做的事是違法的嗎？如果是，那它就是錯的。

5. 當與別人談論我要做的事情時，我是否會感到羞愧和尷尬？如果是，那就是錯的。

道德中的五條基本原則

這五個問題是你構築道德框架的五條基本原則。現在讓我們對此展開詳細的討論：

第一條相當的直接：不要去傷害別人，無論是在肉體上還是在精神上。例如：

▸ 你不想被謀殺。

▸ 你不想被毆打。

▸ 你不想自己的東西被別人偷走。

▸ 你不想被別人出賣。

你是人類中的一員，你不願意自己受到任何傷害，因此你不希望看到這些事情發生在你身上。要知道每個人都有與你相同的感受。所以如果你想在這個世界上生存而不被謀殺，不會遭人毆打，搶劫和出賣，那麼你也不要對別人做同樣的事情。我們由此得出一條黃金規則：你對別人怎樣，別人也會對你怎樣。換句話說就是：「己所不欲，勿施於人。」無論是從正面的還是從負面的角度來看，這兩句話的意思都是相同的。透過這條原則，你可以決定自己該怎樣做。你還會在商店裡順手牽羊嗎？不會。你還會取笑別人嗎？不會。你還會偷看你表姐的日記嗎？不會。你可以問問自己：「如果別人對我這樣做，我會願意嗎？」如果你也不願意，那麼你就不要對別人這樣做。

　　第二條原則與你的個人責任感有關。如果你對某人做出承諾，那麼你就要實現諾言。我們將在後半部詳細討論這個話題。

　　這其中還有一件易於被錯過的事情就是：隱含的承諾。例如，當你買一隻寵物狗的時候，你就對這只狗做出了隱含的承諾。你要在空閒的時間裡餵養牠，保護牠和照顧牠。從此以後，這隻狗就要依賴於牠的主人生活。一旦你買下這隻狗，你就要承擔起所有做主人的責任。

　　在你道德框架中的第三條原則就是：「我要做的事是否會產生毀滅性或不好的後果？」吸毒就可以歸到這類問題當中。每個人都能清楚地看到毒品帶來的惡果。因此很明顯吸毒是一種錯誤的行為。抽菸也是如此，它會對你的健康產生不良的影響。

　　第四條原則是你的行為是否違反了法律。如果是，那麼按照社會的標準來講，它就是錯誤的。如果你認為是法律本身有毛病，你可以透過一條正當的途徑來改善它。只要這種法律還存在，那麼任何違背它的行為都是錯誤的，都會受到嚴厲的處罰。不要與法律相對抗。

　　第五條原則是你是否羞於向別人說出你要做的事情。例如，你欺騙了你的家人，那麼你一定不敢面對他們。假設你在考試中作弊。如果你被抓住就會產生嚴重的（不及格、開除）後果。而且你一定羞於面對你的老師、同學和父母。因此，欺騙是一種錯誤的行為。

　　這五個問題不會告訴你什麼事情好做，什麼事情難做，它們只會告訴你什麼是正確的事情。

成長中要不斷維護自己的良知

　　美國著名的心理學家蘿拉·斯克萊辛格博士寫過一本名為《你怎麼能這樣做？！》的書，書中提到了一件事：

　　27 歲的邁克陷入了進退兩難的境地中。我們的談話是從他否認這種事情開始的。他說在成長的過程中，他從不表露自己的情感，邁克不肯承認他的內心的情感，像羞愧、悔恨和驕傲。我對他的這種做法感到很不安。如果沒有了這些情感，我們日常所做出的決定就會變得十分自私自利。接下來他意識到即將作出的決定會使他發生某種變化：

　　「我真的很想做這件事，但是……」

　　「邁克，你認為這麼做正確嗎？」

　　「正確。」

　　「那麼，當你有了孩子以後，你會允許他們也這樣做嗎？」

　　「不會。」

　　「如果你不讓孩子這樣做，那你讓他知道該怎樣做才是正確的嗎？」

　　「……」

　　「現在你知道了這麼做不對，但你有過冒險或做類似事情的經驗嗎？」

　　「我有。」

　　「邁克，你認為在你做完這件事之後你會崇拜自己嗎？」

　　「不，我不會。」

　　「那你為什麼選擇做不會令你崇拜自己的事情呢？是什麼讓你認為值得這樣做？」

　　「是的，我該意識到自己這樣做也許會失去某些東西。」

「這種事也許很有趣，也很富有冒險精神，但它可能會使你失去某些東西。你會受到傷害，你羞於告訴你的孩子。它還會使你輕視自己……」

「是這樣的。」

「那麼，你的決定是……你還打算這樣做嗎？」

「不，不會了，謝謝你！」

我們把目光集中在對話中，對與錯、驕傲與羞愧的要素上。因為這會讓我們看到未來，找出自私和誘惑和一些要素碰撞得最激烈的地方。透過這種方法，良知被引進到決策過程中來。

這其中有例外嗎？你能違背這五條原則嗎？當然會存在例外。例如，25 歲時你結婚了，在婚禮上，你們發誓「終生相伴」，然而，婚後一年，你的配偶開始酗酒並毆打你。在這種情形下，你有責任不遵守承諾，因為你最基本的人權受到了侵害。你有權控告你的配偶並與之離婚。你沒理由要遭受別人的虐待。當你的人權受到侵犯時，你有必要採取行動，另一個例子：當你與某人約會了六個月之後，你發現自己並不想和這個人結婚，那麼你就該與這個人分手。儘管分手可能會傷害對方，但你還能停留在這種關係中嗎？不能。約會的目的就是要尋找一個能伴你一生的人。一旦你意識到不可能與對方結合在一起，那麼你們就要分手。這是不可能避免的。事實上你的朋友應該能夠理解這一點。如果她（他）不能，那麼你就要理智地掌握好自己。

不要為錯誤找藉口

當人們在尋找藉口為他們所犯的錯誤進行辯解時，問題便出現了：

考試作弊算什麼，背書才是最愚蠢的。

偷這裡點錢算什麼，商店裡有的是錢。

如果我不對我的朋友說謊，那會傷害到他的感情。

我的女友不會介意我與她的好朋友一起外出，因為我與她的朋友根本沒什麼。

在各種情形下，人們說這些話的目的是為了掩飾他們所犯的錯誤。但事實上，無論他們怎樣說，這些錯誤都是推卸不掉的。

許多青少年面臨的一個最大的問題就是自私。我們已經討論過，嬰兒是非常自私的。而現在許多青少年也是如此，並且目光短淺，你可以問問自己：「我真的很自私且目光短淺嗎？」如果答案是肯定的，那麼你就要重新審視自己。但對於青少年來說，很難讓他們放棄所有的藉口來認識自己的自私行為。因此，你最好向一個你信賴的成年人尋求幫助。

判斷對與錯的另一種方法

另一種判斷對與錯的方法就是用一系列的詞語來描述你所要做的事情。如果你使用的詞語都具有不好的含意，而且你自己也不願意使用這些詞語，那麼這表示你要做的是一件錯事。相反，如果你為自己的行為和所用的詞語感到驕傲，那麼你要做的事很可能就是對的。下面為你提供了一個詞彙表，來幫助你描述自己的行為：

壞的詞語（惡癖），關懷的、冷酷的、整潔的、骯髒的、齷齪的、有同情心的、無情的、自信的、軟弱的、體貼的、粗魯的、有自控能力的、野蠻的、愚蠢的、暴躁的、勇敢的、膽小的、懦弱的、謙恭的、無禮的、有創造性的、死板的、無私的、公平的、偏執的、有成見的、果斷的、猶豫的、有原則的、無原則的、熱情的、懶散的、優秀的、低劣的、忠誠的、可靠的、背叛的、狡猾的、陰險的、有韌性的、倔強的、寬容的、報復心強的、怨恨的、友善的、敵對的、慷慨的、吝嗇的、自私的、貪婪的、溫和的、殘忍的、助人的、無能的、英勇的、膽小的、誠實的、欺騙

的、說謊的、正直的、恥辱的、謙遜的、傲慢的、自負的、理想主義的、
冷淡的、聰明的、無知的、歡樂的、憂鬱的、消沉的、公正的、偏袒的、
和藹的、殘酷的、愛戀的、可恨的、成熟的、幼稚的、仁慈的、殘忍的、
適當的、貪得無厭的、質樸的、極端的、奢侈的、忠順的、違抗的、蔑視
的、有條不紊的、混亂的、耐心的、暴怒的、急躁的、平和的、爭執的、
搗亂的、意志堅強的、優柔寡斷的、可信賴的、不可信賴的、尊敬的、散
漫的、粗野的、有責任心的、無責任心的、虔誠的、無禮的、自律的、不
自律的、堅定的、不忠的、機智的、老練的、粗魯的、感激的、不滿的、
忘恩負義的、信任的、懷疑的、真實的。

　　有一件事你要了解，就是當人們變得成熟起來之後，他們只會展示自
己的美德，而盡力掩飾自己的惡癖。成年人之所以會贏得他人的尊敬是因
為他們將這些美德融入了自己的人格之中。而青少年在行為舉止上，則更
隨便一些，因此他們很少能受到尊敬。

對自己負責

　　任何人在不必獨自面對的情形下，都會表現得很好，很有理智。特別
是當某件事發生時，在你周圍有許多雙眼睛看著你，你很難讓自己明知道
是錯的還要去做。這在紙上寫起來很簡單，但在現實生活中，當你面對某
種情況時 —— 你還年輕 —— 便很容易去做錯事。在你故意去做了某件錯
事之後，接下來你會怎樣做？如果當時你不知道自己做錯了，現在知道了
你又會怎樣做？

　　人人都會犯錯，這是生活中的事實。但對於錯誤，你有兩件事要牢記
心中：

1. 你要承認錯誤並努力將它改正。

2. 犯了錯誤並不意味著你可以逃脫罪名或責任。你仍然要為錯誤所造成

的後果承擔責任。

如果你傷害了某人，可以承認錯誤並說聲：「對不起。」如果你偷了東西，可以把東西歸還給被盜者；如果你犯了罪，可以向警方自首，一切會這麼簡單嗎？不會。這其中你是否失去了某些東西？是的，許多事情的結局是不能再改變的。如果你在年少時沒有努力、勤奮地付出，考試落第，而後又一事無成，那麼這是你必須面對而又無法更改的事實。由此，我們得出一個重要的結論：如果你能夠在行動前，進行仔細的思考。並決定去做正確的事情，那麼你就不會為自己的行為，付出巨大的代價。

「生活教我們認清自己。」 ── 塞爾曼・魯斯德

擁有良知的好處就在於它能夠使你免於陷入困境之中。如果你能夠避免出現不可挽救的局面，那麼你應該感激自己學到了重要的一課，並努力不再犯同樣的錯誤。

當你長大之後，你的道德框架和良知會得到強化。你會把對與錯分得更加清楚。這是成年人和青少年之間的一個重要區別，也是造成成年人更具自信的一個重要原因。

誠實是一種永恆的美德

你的道德框架經常要受到誠實的考驗，誠實是你名譽的基石。在此基礎上，你構築了自己的人格特色。

每天你都要與不同的人接觸，並且受到他們的影響：

別人會問你問題。

別人會讓你去做一些事情。

你會與他們講話。

你幫助他們。

在不同的場景中，你扮演著不同的角色。

人們對你的印象是從這些簡單的接觸中得來的。透過各式各樣的交往，你為自己樹立了一個大眾形象。

在日常生活中，你完全可以選擇誠實：

你可以說出事實的真相。

你要實現對別人許下的承諾。

從上面這兩個簡單的事實中你會發現：

人們會認為你值得信賴。

人們會更多地依賴你。

人們會認為你很有責任心。

換句話說，你會為自己贏得良好的聲譽。而這種聲譽又會為你帶來許多朋友和重要的商業合作夥伴。所有人都願意與誠實的人來往。

一旦你遠離誠實，就會失去別人對你的信任。例如，如果你對某個人說謊，（儘管是為了避免發生衝突和應付糟糕局面的善意謊話）並被他揭穿，那麼下次這個信賴你的人就會遇到麻煩。說謊的次數多了，無論大謊小謊，都沒有人會再信任你。然後你就會陷入進退兩難的境地中。

一次誠實不難，一生誠實卻很難，例如，必要時你要與某人為敵，你要向別人傳述一些他們不願聽到的消息，或者你被迫說出隱瞞的事實。在各種情形下，你能面對困難說出真相要比用謊話和困難妥協的好。

人永遠在做重要性的取捨，而這種取捨往往取決於心理狀態的臨界點。

推動自己去做一件事的動力，就像汽油於汽車一樣的重要，但是更重要的是，你要用鑰匙去啟動。

會拒絕的人才能走自己的路

　　當有人要求你去做一些事情的時候，你有權說「不」。儘管要拒絕別人做起來並不容易，也不會令人愉快，但這卻是你必要的選擇，是為人的一種原則。只有當你學會拒絕時，你的生活才會變得輕鬆、愉快。有兩件事，也許會對你行使拒絕權有所幫助：

　　如果別人送給你的是你不喜歡的東西，那麼你會很輕鬆的把它拒絕掉。例如，你正在進行節食，午餐的時間到了，你走進一家餐廳，服務生端上來一大堆高脂肪的食物。這時你會很容易的對他說「不，我不想吃」。因為你想減肥並且目標明確。

　　如果你做事有明確的原則，而且你對自己承諾絕不會做違背原則的事情，那麼你便能夠很輕鬆的行使拒絕權。

　　在上一節裡，你已了解到哪些行為是對的，哪些行為是錯的。這其中你可能已經注意到了一個問題，就是在某種情形下你是很難開口去拒絕別人的。特別是當你處在一個團體中，其他人都在做你認為是錯的事情時更是如此。一個最好的方法就是為自己樹立明確的原則並絕不做違背原則的事情。只有這樣你才能無視身邊的種種誘惑，堅定不移地走自己的路。

找出自己為人的準則

　　你不妨考慮把下面這幾條拿來做你為人處事的準則。不要為了任何原因而違背它們，只有這樣，你才能把自己從困境中拯救出來。

　　我不能抽菸。

　　我不能吸食毒品。

　　我不能與人發生婚前性行為。

　　我不能損壞他人的物品。

我不能說謊。

我不能對別人食言。

牢記這些，每天都重複一遍。如果需要的話，你可以把它們寫在紙上，然後貼在明顯的位置上，以便每天都能看到它。如果有人讓你做違反原則的事，你可以很自然的告訴他：「不，我不會這麼做。」這很簡單。開始時你的朋友會覺得很奇怪，但漸漸地他們會習慣你這樣做。

除此之外，你也可以列出一些自己期望的事情，當你遇到某些事與此互相牴觸的時候，你會容易的對它們說「不」。例如：

我要上大學。

我很誠實。

我和我的父母相處得很好。

我要與自己真正愛的人結婚。

你可能也有許多與此類似的原則。如果你要為自己樹立新的原則，有一點要考慮，它們既要適應環境的變化又要成為以往原則的延伸。

自我熱愛遠非缺點，這種定義是恰當的。

一個懂得恰如其分地熱愛自己的人，一定能恰如其分地做好其他一切事情。

成長中的作用與反作用

任何的作用力都會產生一個與之相等的反作用力。這是物質世界和人類在社會中不可改變的現實。與此相對應的另一組詞就是「原因」和「結果」（也可稱之為影響）。任何的「結果」都有「原因」。你所做的每件事在對你產生一個短期效應的同時都會有一個長期的效應伴隨而至。當你做事的時候，會很自然的期待你的行為能夠造成某種影響，無論它是好是壞。

　　你的所作所為不可能會對你不產生任何影響。這也正所謂「善有善報，惡有惡報」。但你也許會忽略掉一點。例如，你做了一次壞事沒有被發現，但如果你長此以往的做下去，終有一天會被人抓住。這是生活中屢試不爽的事實，也是正義戰勝邪惡的主要原因。

　　由於這種作用力與反作用力的關係，因此每個行為都會產生一個可預知的結果。請看下列內容：

> 如果你抽菸就可能會得肺癌。

> 如果你吸毒就一定會成為一名癮君子。

> 如果你與人發生沒有安全措施的性行為，就很容易會懷孕。

> 如果你在商店裡順手牽羊，就很可能會被人抓住……

> 如果你暫時放棄了學業，輕鬆自在。你就很可能在成人後找不到一份讓自己滿意的工作而辛苦勞累。從上面的例子中你會看到，每一個「結果」都會伴隨著「原因」悄然而至。也許你夠走運，但機會並不總是偏愛著你，長此下去，遲早有一天你會受到生活對你的懲罰。

　　相反：

> 如果你能夠誠實待人，那麼人們就會依賴你和尊敬你。

> 如果你能夠獨立完成作業，那麼你在考試中就會取得好成績。

> 如果你努力學習並取得大學學位，那麼你就會獲得一份理想的工作。

> 如果你每週都能買一本好書，那麼你就會獲得無盡的智慧。

　　這裡沒有懸念，種下什麼因，必結什麼果。青少年往往會忽視這些。但成年人對此卻很重視。這也正是成年人比青少年成熟的原因。

年輕人的困惑

看看下面四個青少年：

一個女孩坐在房間裡。「今晚我該做點什麼？」她想，她決定試一下新買的化妝品，再穿上一件短的緊身襯衫，然後照照鏡子，看看自己是不是很酷。

一個男孩在房間裡想：「今天晚上我該做點什麼？」他決定和朋友們一起出去，買幾瓶啤酒，與幾個朋友在街上逛逛。

另一位女孩坐在屋裡想「今晚我該做點什麼」的同時，電話響了。於是她和朋友到酒吧裡去消磨時間。

又一個男孩坐在房間裡想：「今晚我該做點什麼？」最後他決定和朋友一起去參加一個能提供啤酒和刺激的聚會。

這四個少年有什麼不對嗎？他們要去做什麼，為什麼要這樣做？他們這樣做的目的是什麼？這會產生什麼樣的後果？任何一個成功者看到這四個人時都會感到驚訝萬分，因為他們的行為完全是在浪費時間，而且似乎還帶有一定的危險係數，因此可以看出他們的行為是毫無意義的。

這四個青少年還要面對兩個問題：

1. 由於這四個青少年缺少社會閱歷，所以他們難以看清其行為所產生的潛在後果。例如，對於那個化妝、穿緊身襯衫的女孩子，每個人都會為她感到擔心。成年人之所以要對此擔憂，是因為固定的行為模式會產生固定的後果，他們能夠看出這些後果（從新聞中、從朋友那裡聽到的故事中、從個人經驗中）。而青少年卻沒有足夠的社會經驗。因此，她不知道自己的行為會產生怎樣的後果。

2. 青少年缺少生活目標。如果這四個青少年都對生活有一個長期規劃，那他們就會選擇與此不同的做法。他們會去努力將計畫付諸實現，而

不會去浪費時間。正是由於這種對未來計畫沒有安排，使得他們漫無目的地走過每一天，想做什麼就去做什麼。在某種程度上說，我們還忽略了一件事，就是價值觀。

下面還有一個例子：假設有個 25 歲的年輕人，15 歲時他夢想能擁有一部漂亮的雪佛蘭車。在 25 歲那年，他真的存到足夠的錢並買了一輛紅色的雪佛蘭。一天，他把車停在了朋友的家門口。晚上，有兩個 15 歲的少年路過，用一塊磚頭把後車窗的玻璃砸得粉碎。他們這種舉動會令成年人感到心痛。這個 25 歲的年輕人理解他們搞破壞時的感受，也恰恰在此時，他更體會到了什麼是價值觀。而那兩個 15 歲的少年，他們從沒有為了實現某種夢想而努力過，更不知何為價值觀。同樣，前面的那兩個女孩子很少會珍惜過她們的身體，更把自己的未來拋在一邊。而那個尋求刺激的少年也沒有想過這樣做，是否會使他的身體和頭部受到傷害。

青少年不了解這種作用力與反作用力的關係，所以他們看不出自己的行為會產生何種影響。而成年人則能夠清楚地看到這些影響，並可以不加思考地把它們說出來。問題背後的答案你要明白，世界上每件事的發生都有其原因。而在我們年少時卻看不到甚至也想像不到這其中的原因。假設你住在一幢精美的房子裡，這是結果。其原因可能是你父母努力工作並不斷的存錢，直到他們能夠負擔得起這棟房子的花費。他們為此省吃儉用了 25 年。在你看來這是理所當然的事情，可在他們眼中這房子的意義極為重大，這是他們一生的夢想，幾十年努力和辛苦換回來的。

假設你 16 歲那年由於犯錯而被學校開除。很自然這會造成幾種後果。一般來說最直接的後果就是會陷入貧窮之中。讓我再給你舉一個相反的例子。假設你拿走了一個成功商人的所有財產，並給他做了一個外科整形手術。沒有人能夠再認出他來。然後你毀掉了他所有的身分證明，讓他忘了自己的名字和住址，最後你撕爛了他的衣服並把他一個人丟到大街

上。你認為這個人有多長時間會無家可歸呢？不會太久。這個人曾經努力工作過並累積了豐富的人際、金融和商業知識。這些知識對於許多人來說都很有價值，他可以利用它們重新開創自己的事業。

很多人都未曾善用好時間來讓自己掌握一項技能，他們在市場上沒有賺錢的能力，因此他們只能與貧窮為伍。這也就是我們常說的「可怕的不是一個人在經濟上的貧窮，而是在知識上的貧窮」的原因，真正的經濟上的貧窮，正是由於知識上的匱乏造成的。這就是工作的原因和結果，現實雖然有點殘忍，但卻是永恆的真理。記住天上不會掉餡餅。

當你認真考慮過自己的行為之後，仍找不出其可能引發的後果時該怎麼辦？你可以問問你的父母或令你依賴的成年人。他們有豐富的社會閱歷並能告訴你會產生什麼樣的後果。如果你羞於告訴你的父母怎麼辦？真是這樣的話，你更需要了解你所應該知道的每一件事。你可以就此詢問一些無私的成年人朋友（商人、律師等），看看他們會怎麼說，你要仔細的傾聽。

我們常常會為了學到知識而犯下某種錯誤。這裡你要知道的是缺乏經驗會造成難以收拾的後果。因此你最好在做事前能就先去請教一位經驗豐富的人。這會對你有很大的助益。

一個人的天性不長成藥草，就長成莠草；所以他應時時灌溉前者而芟除後者。

成長中易犯的五個大錯

人生如建築，除了穩固的基礎工程，更需要裝潢翻修，甚至不合時宜時要狠心的改進，你才會是一個走在前端的影響者。作為一名青少年，你會輕易的犯下許多錯誤，但事實上這些錯誤並不見得有什麼壞處。例如，你參與打架。這不會產生什麼長期的後果，只會以你被處分、開除而告

終。或者你由於懶惰而導致功課不及格，那麼你可能會留級。青少年時期是你最易犯錯的時期，但你卻能從這些錯誤中學到許多東西。然而，還有一些錯誤會對你產生長期的影響，使得你在一生中剩下的時間裡要不停地啃食著它結下的苦果。你的生活會困頓不堪。以下將向你介紹青少年易犯的嚴重錯誤或無法挽救的錯誤。如果你犯下這些錯誤，那麼無論你多麼的悔恨，都已不能再走回頭路。

▸ **吸毒**：一旦開始吸毒，你就掉進了一個無底深淵，除非你能獲得一個好機會把毒戒掉。

▸ **早孕**：如果你在青少年時期就有了身孕，那麼儘管你還有許多選擇，但這當中絕沒有一種選擇是有益的。你可以墮胎，但你一生都要背負這個沉重的十字架；如果你找人領養這個孩子，那麼你就要在擔心和憂慮中度過一生中剩下的時間。任何一種選擇都是你不得不做出的妥協，它們會帶給你長期的負面影響，這個孩子會束縛住你的手腳，你不能再擁有夢想，無論你是這個孩子的父親還是母親。

▸ **被學校開除**：如果你被學校開除，那麼你基本上就是自己關閉了通往理想工作的大門。儘管以後你也許會拿到大學畢業證書，但這會使你多花許多時間。因此你要堅持念完高中直至大學拿到畢業證書，這會對你相當有益處。

▸ **有犯罪紀錄**：犯罪紀錄會跟你走完一生。任何一個發現你有犯罪紀錄的雇主，都不會僱傭你。當他們在翻看應徵者的履歷時會說：「看看，這個人有犯罪紀錄，讓我們忽略他吧！」為什麼他會這樣做？這使你在找工作的道路上舉步維艱。

當你看到下面這段話時會有何感受？

「我試圖自殺，但實際上我並沒有這樣做。我只想得到別人的關注。」

這是一個青少年在解釋自己未成功的自殺行為時所說的話。

自殺是為了獲得別人的關注所使用的一個有效的方法，儘管它並不常用。當人們發現你倒在地板上時會對你有所注意。但是第二天他們會對你怎麼樣？人們不會再信任你，只能說你精神不正常。

這也是引發青少年犯罪的一個重要原因。由於得不到足夠的關注，於是他們決定透過做壞事來使自己的行為出軌，從而遭到警方的逮捕。雖然這麼做會吸引人們的注意力，但是現在？現在他們又如何將自己的行為納回軌道？

透過不良行為來吸引人們注意力的問題在於這些行為往往會對青少年自身造成傷害。例如，砍斷手臂你會吸引他人的注意力，但你只能靠一隻手臂來度過後半生。你為什麼要這樣做？這毫無意義。這種行為對你達成目標沒有一點助益。自殺、犯罪、早孕都是青少年為了獲得關注所使用的手段。但是這些方法會對你的一生造成巨大的負面影響，因此它們沒有任何意義。為什麼你不看看那些一直在勤奮努力，默默做好每一件小事的平凡人呢？他們都有自己明確的目標，然後朝著那些目標一點點地努力，在努力的過程中他們感受到了充實。

如果你覺得自己沒有得到足夠的關注，那麼首先你要面對現實，說：「我沒有獲得關注，這使我感覺很糟。」然後為自己設立目標，「我要解決這個問題。」接下來你可以與父母或成年朋友談談，看他們對有何想法。但是不要讓「也許我可以試試自殺」的想法把你引入歧途。那樣做不但不能幫助你解決問題，還會給你帶來長期的負面影響，你還要為此付出巨大的代價，在痛苦中度過餘生。

> **離家出走**：正像我們在本書的開篇裡談論的那樣，離家出走會使你無家可歸，如果你現在還待在家裡，那麼你不妨選擇其他的做法。不要

離家出走高飛。如果你有叔叔、爺爺、奶奶或其他熱心的朋友，那麼你可以到他們那裡待一陣。

作為青少年，你還有很長的人生之路要走，不要做傻事，千萬別讓這些錯誤毀掉你的一生。

健康是一切的根本，若你想得到更好的生命與生活轉變，切記：保持健康的身體與心靈。

第五篇　成功規律

成功沒有祕訣。成功是做你應該做的事情。成功不是做你不應該做的事情。

成功並不限於你生活中的某一個範圍。它包括你與旁人之間關係的所有方面：作為一個父親或母親，作為一個妻子或丈夫，作為一個公民、鄰居、工人，以及所有其他種種。

成功並非指你的人格的某一部分，而是所有各部分：身體、心理、感情、精神——的發展相連的。它是把整個人做最善的利用。

成功是發現你最佳的才能、技巧和能力，並且把它們應用在能對旁人做最有效的貢獻的地方。用朗費羅（Longfellow）的話說，它是「做你做得到的事情，並且做好你所做的任何事情。」

成功是把自己的心力運用在你所愛做的工作上面。它是指一個人熱愛自己的工作。它需要你全神貫注於你生活中的主要目標。

它是把你現在的全部力量集中於你所熱望完成的事情上。

——〔英〕塞克斯

在這個世界上，你有許多成功的機會。本篇將帶領你邁向成功。

法則 13　遠見卓識的祕密

只要你不放棄，潛能開發就會成為習慣。

你要令自己變得富有遠見卓識。它會使你認清自身價值，會有助於你分析並理解眼前的問題，會使你在思考上更具有戰略性。許多人無法做到這些正是由於他們缺乏洞察力、缺乏遠見。這種不足在一生中都會制約著他們。一旦意識到這點，你就要鍛鍊自己，努力使自己在看待事物上富有遠見卓識並利用它去實現你偉大的夢想。

擊出一個思考的球

令人吃驚的是，我第一次意識到這點是在一場網球賽上。讓我來告訴你它是如何發生的，以便於你對我們正在談論的話題有更好的認識。當然我不是一個網球明星，但我的確很喜歡這項比賽。我已經打了一年。有一天當我和一個好朋友一起打球的時候，出現了很特別的一擊；在這次擊球中，我突然能夠清楚地看到球並對它作出思考。我之所以能夠本能般的記起那一刻是因為它好像已成為我頭腦中嶄新的一部分。那時站在球場上的似乎只有我，我站在另一個高度上思考著這場比賽，頭腦中新加入的部分在對我說：「好的，很好。看看這個球的軌跡，看看你的位置，還要注意對手站在哪裡。如果你移動到這邊，就能擊到球。你會把球擊到對方場內的角落裡，他永遠也打不到那個球。」在這場比賽中，似乎所有的動作都慢了下來，我能夠在同一時間內做到觀察、思考、移動和擊球。事實上我真的把球擊到了角落裡，我的對手也沒能接住那個球。

在那一刻，我戲劇般的把自己提升到了另一個高度。

　　以前我從未真正的對比賽做出過思考。在這一刻來臨之前，我只是追究尋著球的軌跡擊球，我是在靠本能打球，事實上我的大腦思維從沒有參與過比賽。現在我的意識和思想更多地加入進來，幫助我對比賽做出分析。這就好像在你學習一些新的東西時 —— 你要集中全部精力。如果你擅長做某件事，那麼你會不假思索的一直做下去。這就是當你走在人行道上，讓你一邊嚼口香糖，一邊與朋友講話的同時還能躲開汽車的能力。在你邊走邊嚼口香糖，還要注意過往車輛時，你的大腦仍然有意識的讓你繼續著談話；同樣，在比賽中新激發出的能力幫助我建立了戰略性思維。我不再靠反射動作擊球，而是先觀察球和我的對手，再對他們進行思考，然後計畫自己的行動。當你看到技術熟練的網球或籃球明星比賽時，你就會了解那些人是如何對自己的位置、對方的行為、球的走勢和怎樣才能獲勝，進行不同程度的思考的。這些高水準的思考過程可能是有意識進行的，也可能是無意識的。在此基礎上，體育明星們的才華得以充分發揮。與此同時，那些既不了解他們在做什麼，也不清楚這個世界在怎樣運作的人，則無法對他們自己和世界做出認真的思考。他們的行為是對外界刺激的一種反射動作而不是長期計畫後的產物。

　　當我在網球比賽中意識到這一點之後，發現這種技巧同樣可以運用於其他場合之中。例如，當你與人交談時，你的大腦一邊在注意著你們的談話，一邊在思索你們交談的目的，這種技巧在談判中是相當重要的，它能令你占據主動並擊敗對方。

我的目標是什麼？

　　你能將其永遠保持住不變嗎？不能。你很易於從這種高水準的行動方式中倒退回「反射模式」中去。有些事情能夠引發一些變化，像疲勞、憤怒等，然而你也可以逼使自己避免發生這種變化。最好的一個方法就是你問自己：「我要實現什麼？我的目標是什麼？」

　　假設你在與一個憤怒的朋友講話，你有兩種方法可以採用，你可以用憤怒回應他，這是最簡單但也是最不能解決問題的做法。另一種是你對自己說：「這個人是我的好朋友，我信任他。的確是有什麼東西把他激怒了。我的目的是什麼？我要想解決這個問題並維護住這段友誼。」然後問你的朋友：「出什麼問題了嗎？我知道你很生氣，是什麼令你這麼氣憤？」某件事激起了你朋友的憤怒，可能是個很合理的問題，也可能是一場誤會，還可能是由於你們之間缺少交流或者是其他什麼原因造成的。透過找出憤怒的真正原因並將之加以解決，可以避免發生大的爭執。有時僅僅是傾聽也要好於粗暴的反應，它能幫助你們緩和氣氛，從而消除分歧。

　　如果你為了實現自己的理想而與某人合作的話，那麼富有遠見卓識能使你經常處於獲勝者的位置。問自己：「這個人需要些什麼？這個人想得到什麼？什麼對他來說是最重要的？什麼能令這個人快樂？」找出這些問題的答案並將它們與你的個人欲望相結合，你便能找出令合作雙方都快樂的方法。在這種談話中你站在一個較高的位置上。你可以從私人角度對各種情況進行思考並試著做出選擇。把你的選擇寫在紙上並對它們做出分析。例如，你在速食店內找到了一份工作。上班時你發現經理在安排週末晚間工作人員的問題上遇到了麻煩。你可以問自己：「我怎樣做才能幫經理解決這個問題？」為了獲得額外收入，你也許可以自願要求每月工作三個週末。然後與經理談談增加你的薪資。或者你向經理建議制定大的週末工作日程表，把每個員工都包含進去，使每人都能獲得一份額外的收入。

　　假設你遇到了問題並弄得自己很沮喪時你要穩定下來，對你可做出的選擇進行分析，並把其中的利和弊分別寫在紙上。

　　要想富有遠見卓識則要求你能夠自律並有一定的實踐能力。為自己樹立明確的行為準則，以促使你不斷向好的一面發展，同時還要增強自己的實踐能力。除此之外，你要努力對可能會出現的問題做出分析，只有這樣，你才能夠更清楚的看到自己的未來。

培養高水準的思維

如果你能夠提高自己的思考水準，那麼當你對某些概念問題進行思索時，你會從中得出很清晰的結論。這就是說思考時要從普通人的角度出發，而不必站在特殊的位置上，開闊的思路總要好於死鑽牛角尖。

讓我們來看這樣一個例子，假設你決定以某種方式去賺錢，你打算沿街道去撿廢棄的易開罐。在你這樣做了一段時間之後，你會對這種謀生方式有所體驗，你能用這種廢棄的容器換錢。如果你日復一日從不間斷地做，那麼你一年可能會賺到 5,000 元。

現在一切都很順利。但是你有能力讓自己做得更好。為自己拓展更開闊的空間，努力更上一層樓。也許你會從以下對你人生之路的思考中獲得進步：

▷ **你人生之路的思索之一**：我在街上撿廢棄的易開罐。

▷ **你人生之路的思索之二**：我把這些廢棄的易開罐分成兩類：鋁製的和其他種類。鋁製的還有一定的價值可以把它們賣給回收中心。

▷ **你人生之路的思索之三**：我為送鋁製廢品的人提供整理、分類和運輸系統。

▷ **你人生之路的思索之四**：我運用了當前國內通用的回收設施，這一系統能使國家將郵寄貨物產生的廢物品和包裝進行再利用，這樣既保護了環境又節省了資源。我在處理鋁製品方面建立了自己的產業，並已具備了分類、整理和運送的能力。

在第一項和第四項間有著巨大的差別。在這裡要注意到我們是如何從狹隘的目光演變到更有洞察力、更有遠見。有趣的是在我們發生這種變化的同時，還有許多機會去做其他的事情。例如：

如果你認為自己是一個專門為廢物品整理分類的人（見第二項），那

麼你既然能把廢棄物分成許多不同的種類，當然也可以對其他物品進行分類。你可以為回收的紙、玻璃、塑膠，另外還有鋁分類。你可以對物質分配進行專門的研究，並出版與此有關的著作。如果有能力的話，你可以製成一種特殊的帶有多層的桶，讓送廢物品的人為你分類。或許你可以和市政府訂立契約，專門由你來處理市內廢棄的容器。這樣，你既可以從契約中賺到一筆錢，還可以從物質回收和再利用中獲得額外的收入。如果你這樣做能夠降低市政府清潔街道的成本，那麼人們也許會很願意讓你做下去。

　　如果你認為自己能夠對鋁進行分類和運送，那麼你也許可以自如使用其他的運輸方式。例如，你常常在街道和回收中心之間兩頭跑。或許你可以買一輛鋁罐拖車，這樣你不但可以在海灘，還可以在沿途的其他地方停留一會兒。你停在酒吧和便利店的門口，收購那裡的空容器。這樣，你的路線可以得到延伸，甚至能覆蓋整座城市。之後你可以擴展到其他市區，最終你所提供的服務會遍及全國，並成為國內最大的鋁製品回收服務公司。

　　如果你視自己為國內回收系統的一部分，那麼最終你會建立自己的公司，為各種不同的生產商處理廢物品。你可能會為辦公中心工作，集中處理紙廢品；或者你與服務站打交道，大量的回收機油和廢輪胎；你還可以回收零售店裡的廢紙板等等。你會發現在這一領域中同樣充滿了競爭，因此你不是與其他的公司合作，就是與它們競爭。

　　以下是另外一個例子，假設你的父親是一家餐廳的老闆，他讓你假日去幫忙，你可能會對這件事有多種不同的想法：

　　我爸爸讓我去幫助打理餐廳的事情。

　　我專門負責進貨，依據季節的變化向它提供各種不同的貨品。

　　我是餐廳進貨的負責人，我的父母是我的一名客戶。我為他們提供優

惠價格。除此之外,在我們家附近的中、小學中,還有幾十位學生是我可以送便當的客戶。

我是遍及全市的餐廳外送員。我的幾位朋友也都是外送團的成員,我們每個人都有各自的服務區域,我們把錢湊在一起去做廣告,購買外送設備,等等。

我是餐廳貨品公司的總裁。我有許多雇員和分店,而且我還與在這一產業中的其他公司聯合在一起,我們組成大的集團公司。我深信我們的事業是很重要的……

在這裡你看到富有遠見卓識,最終會使你擁有許多客戶、合作者和雇員。所有這些都來自於最初幫父親打理一下餐廳!

最後的這個例子將告訴你富有遠見卓識,能令你控制自己的行為。假設週五有一個很大的舞會:

我要和琳一起去參加舞會。

我要弄清楚自己是否喜歡琳,琳也是否喜歡我。

透過與不同的人約會,我要找出一個能伴我終生的人。

與下面的三點比較一下:

我要約琳一起去參加舞會。

琳是一個非常美麗的女人,我願意與她共度每一分鐘。

我很想與琳結婚。

在第一種情形中,你有一個很籠統的結婚目的。在第二種情形中,你卻有一個很明確的結婚對象。你的見解對於這次約會具有很大的影響力。在第一種情形中,如果琳對你說「不」,那麼你會把目光投向其他人。而在第二種情形中,如果琳將你拒絕掉,你很可能會一蹶不振。

有意識的問自己「什麼是我的理想」,能令你更有遠見、更有洞察

力。透過問這個問題，你會清楚地明白自己行事的動機以及你所面臨的選擇。

你所具備的洞察力掌握著你的各種成功的機會。如果你能令自己富有遠見，那麼你將會把握住更多的機會。開始你可能會由於缺乏經驗而做得不夠好，但你可以不斷地為自己樹立目標。

淬鍊高水準的談話

與高水準的思維相關連的就是高水準的談話。這能使你清晰地表達出自己的觀點。

假設你問一個在雜貨店工作的男孩「你喜歡這份工作嗎？」他可能會回答說：「我討厭這份工作。就連猴子都能做這種活，但我的父母強迫我今年夏天必須在這裡打工。」

我們現在將他的回答與下面這段文字比較一下：

「我從這份工作中學到了很多東西。我希望自己將來能在零售商店工作。我也喜歡雜貨的生意。食品與人類的生活息息相關，而某些零售商店卻缺乏食品的進貨管道。我的目標是要了解雜貨店內的每份工作，以便將來自己也能經營一間。儘管現在我還只是這裡打雜的。下一步我就要去清點存貨，這樣我就能學到關於盤存方面的知識，接下來我還要去做出納。一旦我擁有了這裡所有工作的經驗，我就具備了做一名經營者的資格。」

注意第一種回答表明這個年輕人一點也不在意他的工作，而在第二種回答中，我們可以清楚的看到這個年輕人很喜歡他的工作，他把這份工作看作是一個學習的過程，是攀登自己理想巔峰的階梯。第二個年輕人很明顯，他不滿足於自己目前的狀況。作為一名雇主，你更願意提升哪個職員？這並不是很難作出的選擇。那個富有遠見卓識的人總會成為獲勝者。

再看另一個例子。你走進一間辦公室，坐到資料管理員的旁邊。這是一個年輕人，你問他：「你在這裡做什麼？」這個年輕人可能會這樣回答你：

「我把這些郵寄過來的差勁的卡片和列印的資料統統輸入電腦。真是煩透了！」

你轉身去問另外一個年輕人同樣的問題，她是這樣回答你的：

「我是一名資料輸入員，我的工作就是把公司員工送來的資料精確地轉錄下來。這些資料被用來製作一個顧客資料庫，我們依據這個資料庫做廣告和增加銷售。我們最直接的行銷工作就是大規模的使用我輸入的這些資料。」

第二個年輕人不但清楚地表達出了她的工作，還描述了她在這個部門中的職責以及這個部門在整間公司裡的作用。她從一個更高的角度上看待自己。如果你是此間公司的經理，打算要晉升某個職員，毫無疑問你會提拔這個年輕人。

過去我曾與一個人工作過，當問及這個人的工作時，他會把自己說得一文不值。和他在一起工作一段時間後，我發現這個人能用高水準的言語來描述他的工作：

「我目前是這個設計小組的軟體發展人員。我正努力使自己成為這個小組的領導人。我的專業是運用 MFC 設計 GUI 和製作實物模型。我的目標是學習管理技巧，盡可能成功地發揮自己的領導作用。」

這其中的關鍵很簡單：如果你把自己描述成一個討厭自己工作的打雜人員或者是一個以體重為主要象徵的男僕，那麼別人也會以同樣眼光來看待你。相反，如果你能把自己說得富有遠見卓識，那麼別人對此也會很認同。富有遠見卓識的人總是獲勝者。而且透過運用高水準的語言來描述自己，你會對你的工作，你做這份工作的原因和你對未來的期許有更清楚、更深刻的認識。

高水準的思維還表現在你的言語對他人產生的影響上。例如：你不喜歡你的男朋友對待你的方式，你的一種反應可能是：「我討厭你！不許你這樣！」另外一種反應是：「我真的有點不太喜歡你對待我的方式，你介意我們談談這個問題嗎？」注意第一種反應無疑會引起對方的憤怒，從而避免不了要產生一場爭執。而第二種反應卻不會造成緊張的氣氛。

預見美好的未來

把自己描述得富有遠見卓識的一個方法就是多考慮你的未來，而不要只把目光放在眼前。如果我讓你介紹一下自己，你可能會說：「我是 XYZ 高中的一名學生。」這是事實，但卻沒有什麼用。你更應該說：「我想成為一名宇航員。我對航太領域已有所涉獵。我要獲得機械工程學位，以便於我將來能加入太空站工作。我要報考 ABC 大學。在那裡我要加入空氣動力研究小組，我會從中獲得飛行的經驗。目前，我只是 XYZ 高中的一名學生，正為大考做準備。除此之外我在當地的機場學習飛機駕駛的課程。」

你在這兩種敘述當中看出什麼不同了嗎？第二種回答很有遠見，它展示了一個人的魄力和理想。

假設你確信你和你的朋友約好 3：00 在購物中心見面，但你的朋友遲到了半個小時，你的一種反應可能會是：「為什麼你 3：00 沒有到？！」另一種反應：「我們是不是搞錯了。在我的印象中我們約好是 3：00 碰面的。」注意第二種反應不會使得任何一方有負疚感，只會令雙方很自然的就此進行公開的討論。

假設由於你父母的決定，你錯過了週五晚上的舞會。你對此的一個反應可能是：「你們兩個笨蛋！我討厭你們！」另一種反應：「我們能對此好好談一談嗎？」想像一下你的父母如何對待這兩種說話的口吻。在第一種

情形下，他們會對你大動肝火，大聲叫嚷。而在第二種情形下，你們很可能會坐下來好好交流一下。

如果你的朋友對你聲嘶力竭的叫喊，那麼很明顯是某件事惹惱了他。應付這種情況的一個方法就是你也如此回應他，但這絕不是明智之舉。更好的方法是你對他說：「我想我們應該靜下來談談令你生氣的原因。告訴我你的感受。」

成年人運用這些技巧來緩和氣氛或避免與憤怒的人發生大的衝突。這就是交際方法。要想把這些技巧運用自如，似乎要下一定的功夫，但這種努力是值得的。當你以某種方式來說某些話時，未必會有人肯聽。然而，如果你能換個方式，儘管不是同樣的意思，但人們可能會更聽你的話。例如，如果你想說：「你是白痴嗎？！不准你那樣做！」則不如換成：「你覺得這樣做對你會有什麼好處嗎？」這兩種說話的方式會引起不同的反應。看看那些成功者是如何與人交談的，他們又是怎樣與你講話的，你要對此多加注意。成功者了解哪種說話方式會把人激怒，哪種方式能令人理智的交談和哪種方式會消除憤怒，避免爭執。

在使用高水準的言語的同時，你是在向他人表現你理解這個世界的運作方式和人們是如何在這個世界中掙扎求生存的。它能使無數個大門向你敞開，幫助你理解發生在身邊的一切。不必遲疑，馬上開始練習這種技巧，幾個月後你會看到發生在你身上的變化。你還要仔細閱讀介紹憤怒的那一章，為了使自己富有遠見卓識，你必須學會控制你的憤怒。

長遠的目光往往決定了我們每個人之間的差距。

法則 14　目標的祕密

預先的規劃及投資，那會在無形中省下相當多的時間、氣力。

成功者擁有目標和夢想

成功者和失敗者之間最大的差異，就在於是否擁有目標和夢想。它們直接決定著你成功與否，並為你的人生賦與了許多重大的意義。無論何時，當你在內心深處問及自己下面這些問題時，都是你所追求的目標在影響著你：

▸ 我要努力實現什麼？

▸ 我明天要去做什麼？

▸ 我長大後要成為一個什麼樣的人？

▸ 我要怎樣度過我的一生？

▸ 人生的意義何在？

▸ 我現在要做些什麼？

可笑的是我們中的許多人從未曾有意識地問過自己這些問題。如果你也是這樣，那麼生命對你來說就是一種浪費，而且許多機遇會與你擦肩而過。有兩句話你從前也許聽過，在這裡有必要再重複一遍：

「沒有夢想便談不上令夢想成真。」

「失敗的計畫意味著計畫去失敗。」

這兩句話所講的道理都是顯而易見的，但是它們常常被人們所忽視。

目標的作用

　　讓我舉一個簡單的例子來告訴你目標是如何改變你的人生的。假設你有一份工作，每天你要乘車走 10 公里的路去上班，每週工作五天。在路上你要經過一個練車場。在這個練車場前面立著一個大牌子：「駕駛培訓！」每次你路過時都會想：「如果有一天我能學會駕車該有多好。」如果你每天都過著這種生活，那麼你永遠也掌握不了駕駛的技巧。你只會坐公車回家，一週裡有五天你都要路過那個練車場。而那句「如果有一天……」只是實現不了的空話。

　　在約翰·史坦貝克（John Steinbeck）的名為《珍珠》（*The Pearl*）的短篇小說中，就目標說了一段很透澈的話：

　　「據說人類總是貪得無厭、永不知足。當他們的一個欲望滿足後往往會祈求更多。這是一種貶意的說法，但這也是人類的一種偉大的個性，它使得人類優於獸類。獸類總是滿足於它們所獲得的一切。」

　　我們假設你學習駕車的思想發生了變化。一天，你回到家中坐在床上想：「我要去學習駕車的技巧。這是我的夢想。我要為自己設立目標，讓夢想成真。」於是看看今天的日期，是 2005 年 7 月 2 日，你在一張卡片上寫道：我將在 2005 年 10 月 2 日拿到了駕照。你把這張卡片放在了櫃子上，以便你每天都能看到它。這張小卡片改變了很多事情。如果你真在一年之後拿到駕照，那麼你還需要去做許多事情，首先你要知道自己該怎樣做才能拿到執照。於是你決定到練車場去看看並對此進行諮詢。你的年齡很合適。你所要做的就是去參加訓練課。你要練習 50 到 60 小時的駕駛技術，還要經過筆試才能拿到駕照。而且學費並不昂貴，你的薪水完全夠支付這筆費用的。

　　現在你該做什麼：馬上去報名！沒有什麼能夠阻止你，這是再簡單不過了。你每週要上一堂課。為了順利通過考試，你要掌握所有的駕駛知

識。毫無疑問，你在 2005 年 10 月 2 日表演的單人駕車會令你順利的拿到
駕照，事情就是這麼簡單。

你能夠做到你想要做的事情，如果你決定去做的話。

一旦你確定了目標，那麼一切都會按部就班地進行下去，直到你實現
這個目標。

想一想你的人生。在你的一生中，你也許有過許多夢想。你曾想「有
朝一日」要做到許多事情，先為自己設立一些清晰實在的目標，然後你要
採取行動，腳踏實地向著這些目標努力。這也就是我們常說的：「好的開
始是成功的一半。」有些事情當你開始去做時，就已能夠預見其必然會出
現的結果。行動起來，為夢想奮鬥時，這些夢想便已不再是夢，而注定了
要成為現實。

三種不同的目標

一般而言，目標可分為三種，對於你來說，能夠分清不同的目標是很
重要的。

簡單的目標

指的是那些只要你肯開始去做，就一定能夠實現的目標。考取汽車駕
照就是一個很好的例子。一旦你決定去爭取拿到一個汽車駕照，那麼這條
路一般都是很平坦、很順利的。你只要花一些錢，花一些時間，按時上
課，就會有所收穫。還有許多目標也與此類似：

「我想擁有一輛紅色的雪佛蘭。」為了達到這個目標，你所要做的就是
去賺錢。在某些情形下，你甚至不必有足夠的錢，該做的就是去找一份薪
水豐厚的工作。這樣，你明天就可以租一輛雪佛蘭車。

「我想獲得大學學位。」為此你要做的就是努力學習，以便通過入學考試，並在大學中順利拿下各門功課。

「我想有一幢漂亮的房子。」你要賺到足夠的錢，並籌集到所需要的各種抵押單據。接下來你就可以挑選一幢你夢寐以求的房子。

「我想獲得一份好工作。」你首先要找到既能令自己從中享受樂趣又會得到豐厚薪酬的工作，然後學會獲得這份工作所必需的技能。最後再去申請這份工作。

「我想自己做生意。」你先要了解各種不同類型的生意，然後找出自己喜歡的，並為此存夠本錢。或者你可以先為從事此種生意的人工作，從中學習做生意的各種技巧。

「我想去法國旅行。」你要賺到足夠的錢並買好機票。

「我想了解電腦是如何工作的。」你要為此購買一些書籍或參加電腦培訓的課程。

「我想建立一個慈善組織，來援助那些無家可歸的兒童。」你先要了解籌建這樣一個組織要做哪些準備，然後去尋找與你志同道合的人。

需要擁有頑強的意志力，才能達成的目標

簡單的目標之所以會令人覺得美好，就是因為它很簡單明瞭。在起點和終點之間有一條清晰的路徑。而那些需要擁有頑強的意志力，才能達成的目標卻與此不同，因為這條通往終點的道路隱藏在荊棘叢中，你只有在經歷無數次痛苦之後，才能找到令你實現夢想的成功之路。這意味著沿途上你會一次次地跌倒，但在每一次失敗中你都會學到寶貴的經驗，而最終你一定會令夢想成真。下面就是一些這樣的目標：

▸ 我要成為最暢銷的作家。

▸ 我要成為最耀眼的女明星。

> ‣ 我要成為大公司的部門經理。

> ‣ 我要在奧運上拿獎牌。

不切實際的目標

有些目標是無法實現的。例如，「我要在千分之一秒內跑完馬拉松全程。」為了實現這個目標，你奔跑速度要達到每小時 150,630,480 公里，比太空船還要快 5,000 倍。你對此可以重新表達，讓它成為屬於第二種類型的目標。或者你可以把它轉化成與此類似的目標，像「我要跑完馬拉松全程」。

看看上文中列出的簡單目標。如果你決定從中選出一個作為你的個人目標，那麼你的夢想一定會變成現實。在你奔向成功的道路上可能會有些阻礙。例如，你對你的父母說你要去美國留學或工作，他們可能會阻止你。但這並不能讓你放棄自己的夢想，你可以到 18 歲或 21 歲時再去努力實現這個目標。

再看看第二種類型的目標。達成這些目標的成功之路可能模糊不清。但是如果你不開始行動，你將永遠也不會實現這些目標。你心中要懷有夢想，同時更要每天腳踏實地的為了令夢想成真而去努力地奮鬥。

目標的影響力

你所追求的目標會對你的一生產生巨大的影響。它們完全改變了你每天看待事物的方式。這有一個很簡單的例子，假設你問自己「明天我要做什麼」，如果你沒有任何追求的目標，那麼你很難對這個問題作出回答。每天你都不過是躺在沙發上無聊地看著電視。日子在你身邊無聲無息的滑過。

如果你有目標，那麼回答這個問題就會容易得多。只要你為自己樹立

目標，哪怕是簡單的目標，你都會制訂計畫去實現它。如果你想得到汽車駕照，把這當做你努力的目標，那麼你通往成功的道路便會清晰的顯現出來。為了拿到駕照你要找工作賺錢來支付訓練課的費用。因此，問題「明天我要做什麼」的答案已經很明顯了。你或者去工作賺錢，或者去上訓練課，再就是為通過筆試而複習。你可以決定自己要走的每一步。

拿上大學來講，有的人把上大學當作是個人的奮鬥目標，有的則是迫於父母的壓力，還有的是認為除了上大學以外，沒有別的事可做。這三種類型的學生很容易就能辨認出來。這一切都同你個人的目標有很大的關係。如果實現你的目標需要有一個大學學位，那麼四年的大學生活，對你來說就有很大的意義，你所上的每一堂課，都是你為攀上理想的巔峰而蹬踏的級級臺階。否則，上課對你來說就毫無意義，而那所謂的各種學位對你來說，也產生不了太大的作用。

因為年輕才有夢

你的夢想是什麼？為了實現人生的夢想，你為自己設立的目標是什麼？對你來說，你要明白沒有什麼能限制你的夢想。請看下面的例子：

- 我想到月球上去生活。
- 我想成為牛津大學的一名客座教授。
- 我要贏得學院獎。
- 我要在奧運上拿金牌。
- 我要成為足球隊中的一員。
- 我要成為一名百萬富翁。
- 我要為消滅世界上的貧困做一些貢獻。
- 我要在繁華的城市擁有一家自己的公司。

　　在這個世界上有什麼能夠阻止你實現夢想的嗎？只有你自己。許多人都會贏得學院獎，為什麼在這些人當中沒有你？從現在起三十年後，一定會有一個你的同齡人，成為牛津大學的客座教授？為什麼這個人不是你？要想實現這些成績，你現在需為自己設立目標並馬上行動起來。朝著這個方向不斷努力。最終你可能會實現自己的目標，也可能不會。但你要記住一點，就是你和別人一樣擁有贏得學院獎的機會！你現在所要做的就是馬上朝著這個方向前進。因為年輕，所以我們才一直有夢想，又是因為這個最初的夢想，才讓我們一步步走向成功。

如何設立目標

　　當你參加招募面試時，常常會被問及：「你近一年、近五年、近十年的目標是什麼？」為什麼有許多人都無法回答出這個問題？為什麼雇主們都很喜歡那些有追求目標的人？雇主們都很想知道你的目標是什麼，因為只有擁有目標的人才會獲得成功。特別是那些認真思考過自己的目標，並能在面試中將它們清楚地表達出來的人更是這樣。有目標就是說你有人生規劃，這意味著你在工作上也有計畫。有目標也暗示著你有管理能力。它表明你懂得很好的組織技巧，並能夠把頭腦中所想的東西付諸實現。

　　從現在起二十年內，有許多人會獲得學院獎，為什麼在這些人當中沒有你？要想取得這樣的成就，你唯一的路就是為自己設立目標並馬上行動起來，朝著這個方向努力。你和別人一樣擁有獲得學院獎的機會！

　　有人曾訪問過一些人並問他們這一問題，你會發現其中相當一部分人都沒有目標，他們從未問過自己這樣的問題，從未考慮過自己的未來，也從沒有為自己設立目標或制定人生規劃。他們無所事事地走過每一天，如果他們有工作，他們會去上班，因為他們「不得不」去。他們每天上班、下班，一成不變的重複著單調乏味的生活。正是由於缺少長期的打算和方向感，生活對他們來說才變得毫無意義。

169

在你的一生中，什麼是你的目標？你想努力實現些什麼？如果你對此從未認真思考過，那麼你便難以回答出這兩個問題。最好你拿出一張紙，坐下好好想想，也許幾天以後你會尋找出「有朝一日」你想成就的東西和你最大的夢想。問問你自己下面的問題：

▸ 我想實現什麼？

▸ 如果我這樣做會令自己很酷嗎？

▸ 我想成為一個什麼樣的人？

▸ 如果我能隨便挑選世界上的工作，那麼我會喜歡什麼樣的工作？

畫一張表，列出你所有的願望和夢想。每天看一遍，你會發現許多隱藏在你身上的東西 —— 那些你隱約知道但從未寫下的東西：

▸ 我想去環遊世界。

▸ 我想在樹林中蓋一幢漂亮的房子。

▸ 我想有一個理想的伴侶，並有自己聰明可愛的孩子。

▸ 我想學滑雪。

▸ 我想成為一名醫生。

▸ 我想為解決人類貧窮問題，做些具體的事情。

▸ 我想經營一間大公司。

▸ 我不想在人前表現得很害羞。

▸ 我想開一輛耀眼的跑車。

把所有這些都列出來。你想要達成的目標，無論是你要花兩天還是二十年才能實現的目標。在你做完表之後，你還要做兩件事，第一你要在每件事後面標出完成它可能需要的時間。像「一週」、「一年」、「五年」、

「二十年」，等等。你也可以對它們做些注釋。你還可以在你認為很重要的目標旁邊標上星號。

如何實現目標

你可能會問自己一個問題：「這樣的一個表有用嗎？」、「我真的能實現這些目標嗎？」為什麼不能？唯一能阻止你的只有你自己。你能為自己立下目標，你和別人一樣擁有實現它的機會。你也許還會問自己另外一個問題：「我如何才能實現這些目標？」在許多情形下，說出這些目標很容易，但做起來卻並不容易。例如，你的一個目標是「我想參加賽車大賽」。這是一個很好的目標。為此你不得不到賽車場去練車，其他的選手也會這樣做。下一步該怎麼做？留心一下，你就會發現許多賽車學校。你可以到那裡從基礎學起，從與你自己競賽開始一步步來。如果你真想參加比賽的話，你將會發現那裡的費用很昂貴，於是你不得不想辦法賺錢。你唯一能做的就是去找一份好工作，或者找一個導師或贊助人。這可能會使你捲入找工作的競爭當中⋯⋯你想到這些了嗎？當你為自己設立目標並努力實現它的同時，你會看到各式各樣的次目標相繼出現。

當你製作了這樣的表並定計畫去努力實現某些目標時，你會發現你真正的為自己設立了一些合理的目標。一個目標：

應該相當的清晰。

應該有一個明確的最後限制。

如果是一個大目標，那麼對它所涉及的次目標就應該有一個詳盡的計畫。

設立一個最後期限能幫你避免躊躇不前。例如，假設你的目標是要學會彈鋼琴。這裡就會涉及到一系列的次目標，包括買一架鋼琴，找一個老師，賺到足夠的學費，還要去上課。如果你定六個月為你買鋼琴的最後期

限，而且六個月之後你並未買到，那麼你該意識到要重新設立最後期限或乾脆放棄這個目標。設置最後期限能幫助你發現問題，並讓一切事情都在你的掌控之中進行。

當你陷入困境時，如果你能夠堅持問自己下面這三個問題，你就能夠找出一個很好的解決辦法：

我的目標是什麼？

我要努力實現些什麼？

我的選擇是什麼？

透過問自己「我的目標是什麼」和「我要努力實現些什麼」，你能夠令自己變得富有遠見卓識。你能夠有意識的去思考問題，而不再只是單純的對環境作出反射動作。透過問「我的選擇是什麼」，你能夠看清楚各種潛在的可能性。下一章將對此進行詳細的論述。

理想並不是一種空虛的東西，也並不玄奇，它是你航行靈魂的舵和帆。

改造自己前先簡化自己，千萬不要複雜化。

選擇決定了你是否成功

為了實現目標，邁向成功，你要能夠在各種情形下做出最佳選擇。這需要你的研究能力和創造力。做出最佳的選擇，還要有樂觀的精神和理性的決斷力，成功者在這些方面都表現得極為優秀。透過實踐，他們的能力得到不斷的完善。想一想那些你所崇拜的人的英雄行為。他們之所以會受到人們的崇拜，是由於他們具有那種能夠在各種可能性中，特別是在逆境面前做出最佳的選擇：

一個優秀的領導者能夠直面各種批評和指責。並透過用最佳的或富有

創造力的做法，將各種問題解決掉。

　　一個成功的商人之所以會生意很興旺是因為他能夠運用富有創造力的做法來解決遇到的各種複雜問題。

　　在「阿波羅 13 號」裡工作的太空人和地面操控人員之所以會令人敬佩是因為他們能夠正確評估各種選擇並從中選出最恰當的一種方法，令太空人安全地返回地面。

　　大多數在日常生活中出現的問題，都不會比上面那些人所遇到的問題更棘手，但是它們同樣也有一定的重要性。你的成功主要取決於你是否有能力在各種情況中做出最佳選擇。做出你的最佳選擇在許多情形下，你只是坐在那對你所遇到的問題進行思索，就能夠找出很多可供你選擇的解決辦法。但在一些情形下，你問問別人可能會更有幫助，或者是對這些選擇能進行仔細的研究。關鍵是你要問自己「我的目標是什麼？」然後在那些選擇中找出能夠實現你目標的方法。

　　看看下面四個例子。

案例 1

　　假設你與你的女朋友 / 男朋友交往了一年。你發現由於你們經常發生爭執，在你們之間產生了很大的距離。幾週以後，你的女朋友 / 男朋友不再來找你，你看到她或他和別人約會。你的女朋友 / 男朋友為了別的男人或女人拋棄了你！當你問自己：「我的目標是什麼？」你內心的一個聲音告訴你：「去死！」你受到的傷害是如此之深。你覺得自己受到了欺騙，感到無盡的屈辱。你不明白為什麼一個令你如此深愛的人會這樣對待你。然而，經過再三的思考，你會意識到「要忘記過去，繼續生活」。那麼，在這件事當中你的選擇又該是什麼呢？

1. 你可以去自殺。

2. 你可以雇一個殺手去殺掉你的男朋友／女朋友。

3. 你可以消沉、頹廢下去，並找個地方躲三個月。

4. 你可以每天打 700 個電話去騷擾你的女朋友／男朋友，並哀求她或他回到你身邊。

5. 你可以從她／他身邊走過，忘掉這一切，畢竟天下不只她／他一個女人／男人。有一天你會找到更好的。你能從這件事中學到許多東西。

前兩種選擇很明顯是既無用又愚蠢的。但還要把它們放在選擇之中幫你作出比較。它們對我們的生活有著巨大的危害，因此你要立即把它們摒棄掉。為什麼你要毀掉這個女孩／男孩的後半生？這樣做很傻。第三種選擇做起來很簡單，但對你卻毫無益處。第四種很常用但對你也毫無價值可言。到底你該怎樣做？你要成熟一些並能控制住自己。在前兩週內也許很難做到，但絕不是不可能。如果你能夠成功的做到這一步，你會受益匪淺。問題然後會變成：「我該怎樣做才能幫助自己忘記過去，不再自憐自艾？」其實你有許多有益的選擇。你可以和有過這樣經歷的人談談，他們可能會給你一些很好的建議，讓你把這一切看得更透澈。

案例 2

假設你決定買一架攝影機，製作你自己的電影。當你問自己「我的目標是什麼」時，你會得到兩個答案：

1. 存到足夠的錢買一臺攝影機。

2. 向有攝影機的人借一臺。

以下正是你所面臨的選擇：

1. 你可以搶劫便利商店裡的錢。

2. 你可以找工作賺到足夠的錢後買一臺。

3. 你可以要求買一臺攝影機作為你的生日禮物。

4. 你可以從父母那裡借錢。

5. 你可以和三、四個朋友湊錢買一臺。

6. 你可以從親戚那裡借一臺。

7. 你可以自願為一個攝影器材的活動團體工作，然後看看在週末能否借出來。

8. 你可以到一家賣攝影器材的商店工作，看看能否以雇員的身分以優惠價買一臺。

9. 你可以到二手商店或跳蚤市場買一臺二手的。

10. 你不妨看看一些相關的大學裡，是否有關於電影的課程，你可以報名參加學習。

11. 你可以到圖書館先讀一些有關電影製作的書籍，然後等到你有了足夠的錢再買一臺。

　　如果你能夠坐下來仔細想想，你自己也會想到這些選擇。在它們當中，總有一個適合你的。重點是你一開始想要得到一臺攝影機，似乎是根本不可能的。透過看到這麼多的選擇，你會覺得很容易便能達成這個目標。

案例 3

　　假設在這個夏天裡，你總是忘不了要去美國（夏威夷或其他什麼地方）。你真的很想到美國去旅行或留學。然而你的父母卻堅絕不同意你一個人去。在這種情況下，什麼是你的選擇？

1. 你可以不停的和你的父母抱怨、賭氣，令他們痛苦，直至無法再忍受你。

2. 你可以到旅行社去看看是否有去往美國的旅行團，如果你父母同意的話，你可以和他們一起去。

3. 你可以聚集學校裡的一群學生並找一名老師（或你的父母）做監護人，湊足錢一起去美國。

4. 你可以設法說服你的父母讓他們和你一起去美國做一次家庭度假。

5. 你可以等到上大學後與大學同學一起去。

6. 你可以找四個也想去美國的朋友，一起說服你們的家長，使他們相信你們已經長大了能夠一起外出。

關鍵一點，在各種情形下，你都會有許多選擇。對你來說，把這些選擇列出來是很有用的。如果你自己想不出這些選擇，你可以就此問問你的朋友、父母或老師，看看他們能向你提供些什麼樣的建議。任何問題都有很好的解決辦法。透過寫出你的選擇，並對它們進行細緻的思考，你會大大提高自己成功的機率。

選擇的有利與不利

一旦你找出一系列的選擇之後，你要對它們進行評估，從中選出一個（或幾個結合在一起）最適合你的。進行這一過程的重點就是你要明白每一個選擇都有它的有利之處和不利之處。一個最簡單的辦法就是把所有的選擇和這些選擇的有利之處與不利之處都列出來，以便你對它們進行詳細的比較。

讓我們看看上文提到的有關攝影機的選擇，並討論一下它的有利之處和不利之處。第一種選擇如下：

你可以搶劫便利商店裡的錢。

這是你的一種選擇。其有利之處是：你能夠很快地拿到你所需要的錢

並不用費什麼力氣。如果這沒有與之相反的不利之處，那麼它就是一個很可行的方法。然而這種選擇的問題是它的不利之處會造成相當嚴重的後果。這些不利之處有：

你也許會被老闆打傷。

你很可能會被捕，這會對你的後半生造成極為不利的影響。你會坐牢，並從此背上犯罪紀錄。

這是違法的，因此是一種錯誤行為。

這對你沒有任何未來可言。下次缺錢你怎麼辦？去搶另一間商店？再下次呢？而且你最多也只不過能從這間便利商店裡搶到 500 或 1,000 元。如果是這樣，你還不如去找一份好工作，也許會比這賺得多，而且也合法。

如果你願意像這樣繼續下去，把每種選擇的有利之處和不利之處都想一想，那麼你會發現一個或兩個很「簡單」的方法。它們有許多有利之處而沒有會產生嚴重後果的不利之處。尋找這樣的選擇。

考慮一下下面兩句話：

欲速則不達。

猶豫就意味著失敗。

這兩句話都很正確，而且也是兩種選擇。你也許會想：「它們當中哪句話是正確的？」答案是：這要取決於客觀情況而定。同樣當你向不同的人尋求建議時，常常會得到一些互相矛盾的資訊。當兩種選擇都有擁護者時，你該選擇哪一種呢？

最好的方法就是寫出它有利之處和不利之處。如果你在向別人徵求意見，那麼你讓他們依照這些有利之處和不利之處作出推薦。在許多情形中，正確的事情往往很明顯。但有時你無法做出決定。這種情況出現的機率只 1/6，這時，你不妨跟著感覺走。

好的選擇需要好的創造力

在很多情形下，要想出所有的選擇並不容易。這就是創造力重要的地方。人們敬佩那些能夠以富有創造力的方法解決問題的人。事實上，你完全能夠以創造性的做法，來化解開那些似乎無法解決的問題。

例如，假設因為汽車能夠製造汙染，所以你很不喜歡它們。你認為，汽車所產生的汙染，不但直接來源於其引擎的放射物，而且還來源於溢出的有毒的機油。因此，你指出要改變汽車的動力裝置。

現在我們來討論這個話題。你是否曾想過為什麼99.9％的轎車，都要使用燒汽油的引擎？當然還有其他推動汽車前進的辦法，但目前引擎如此流行是因為與其他方法相比，它有許多意義重大的有利之處，而沒有難以控制的不利之處。只要有另一種方法能夠消滅由於使用汽油而產生的缺陷，那麼汽油引擎將很自然的被取而代之。

要了解何種選擇會有價值，你就得從一個更高的角度進行思考發問：「汽油和引擎是怎樣工作的？」你可以把汽油看做是儲存能量的，而引擎是以一種運動的方式來釋放能量的。如果你能夠這樣想的話，就可以看到其他許多種選擇：

1. 你可以燃燒天然氣，這會減少汙染。

2. 你可以燃燒氫氣，這不會產生汙染。

3. 你可以使用一個巨大的彈簧，在車開之前讓它收縮起來。

4. 你可以把能量儲存在飛輪裡。

5. 你可以使用電池和電動馬達。

6. 你可以使用太陽電池，把太陽能轉化為電能。

7. 你可以使用一個小型的核反應器來產生熱能或電能。

8. 你可以減輕汽車體重，使它輕到司機能像騎單車那樣踩踏板前進。

在目前看來，所有這些選擇所面臨的問題是它們當中，沒有一個具備戰勝汽油的絕對優勢。如果明天我們把油用光了，可以加滿。自從我們生產了大量的汽油，而社會似乎不介意空氣汙染之後，汽油就成了獲勝者。

有的問題可能從來未曾被解決過。在這個世界上也許有某種物質既勝過汽油而又沒有什麼重大的不利之處。如果你能夠把它創造出來並投放到市場上去售賣，那麼你將會變得相當富有。

在你的一生中有許多時候都要去面對那些「難以解決」的問題。有時你會突然想到一個新方法。你覺得它既「簡單明瞭」又「條理清晰」，你會問自己「為什麼我以前沒有想到過」。每個成功者都能夠運用自己的創造力，以全新的方式來解決問題，適應環境。

適當的好奇心，正是最簡單而可行的方法。

法則 15　時間的祕密

為何只有少數人能達到巔峰？原因在於過程的比較。

無論做什麼事情都需要時間。這是被許多年輕人忽視的事實。然而，透過了解和接受這一事實，你能夠對自己正在做的事情有更清楚的認識，並會明白自己為什麼要這樣做，還能看到既將要發生的事情。

成功需要時間的累積

讓我給你舉個例子。假設你現在 17 歲或 25 歲，你的鄰居是一位令你敬仰的 40 歲的商人，他擁有很大的房子、漂亮的汽車和美好的家庭。當

你看到這個人時會想：「我要成為一個像他這樣的人。」但轉過身來你認為這是不可能的。你不會做任何事，拿的薪資還是最低薪資。你所忽略的就是大商人也是從你這樣開始的。不同的是他已工作了 25 年，才擁有了今天的一切。因此你要想做到他這一步，至少也要經過 25 年的艱辛努力。下面讓我們看看這個人所走過的道路：

17 歲：他在夏季打工，並真正的對機械工程，產生了濃厚的興趣。

18 歲：他步入了大學校門，並為拿到機械工程學位而努力學習。

20 歲：他遇到了夢想中的女孩。

22 歲：他從大學畢業。

22 歲：畢業後，他馬上在一家飛機製造公司得到了一份工作，他第一次擁有了屬於自己發揮的空間，並有了一份固定的收入。

23 歲：他訂婚了，並選好了結婚的日期。

24 歲：同一年裡，他被他的未婚妻拋棄並失業了。他沮喪極了，工作毫無希望。當他的經濟狀況惡化時，他重新搬回到他父母那裡去住。他得到了一份文書的工作，儘管這並不是一份很好的職業，但也總要強於每天待在家裡。

26 歲：他重新找到一份自動化設計的工作。他搬回了都市，又租了一間房子。

27 歲：由於在設計工作上的創新，他獲得了大幅的晉升。

28 歲：他存到了足夠的錢，開始了他那間 2 房房子的分期付款。

29 歲：他與賣他房子的房仲相愛了。

30 歲：他們結婚了。

32 歲：他的第一個孩子出世了。

33 歲：他成為公司的經理，並被大幅度的加薪。

34 歲：他們這時有能力在郊區買一幢氣派的大房子。

36 歲：他的公司向每位經理都提供了一臺轎車。

現在這個人是 40 歲。你沒有看到他為達到今天這種程度，所付出的巨大努力。沒有看到他所花費的時間。你忽略了他在 24 歲那年曾失去一切，並不得不重頭再來的窘況。那是他心痛的一年，未婚妻棄他而去，之後他又孤獨地走過了五年的時光。你還忽略了他曾和妻子帶著一個哭鬧的孩子，住在一棟只有一間臥室的舊房子裡。你所看到的只是他最後收穫的果實，所以你會以為他很容易地便得到了今天的一切。

正因為年輕人從沒有花時間仔細觀察過這個世界，所以他們看不到這些由歲月流逝所帶來的滄桑變化。他們看到某件事情時，會期待結局馬上出現。成年人完全不同於青少年。他們能夠看到事物發展變化的循環週期，並理解這種週期是怎麼一回事。他們明白時間能把一些很微小的行動加以放大。青少年往往想一離開家就能得到精美的房子，漂亮的汽車和理想的伴侶。所有這些都需要時間和你不懈的努力。許多人都耗盡畢生的時間，才能實現這些目標。成年人都明白哪怕每天只花費很小的努力，但日積月累你也會實現一些很偉大的事情。任何變化都不會發生在一夜之間。

認識時間的價值

如果你能了解時間的價值，那麼你就能夠充分利用這種優勢，讓我們來給你舉些例子：

> **擁有財富需要時間**：如果你想累積財富，一個辦法就是不斷的存錢。人們用不同的手段來達成這個目標，但是較常見的一個例子是買房子。而租房子實際上就是在浪費錢。買房子則意味著你擁有了自己的

財產，每月你可以定期存些錢。一兩個月之後可能累積下來的錢仍然很少，但你能活上幾十年，幾十年後這就是很大一筆財富。

▸ **培養技能需要時間**：掌握任何一種技能，都需要磨練和不斷的實踐。經過幾個月或幾年的鍛鍊，你能夠很自如的運用目前你所掌握的技能。在某一天你只學到了有關這種技能的很少的一點知識，但一年有 365 天，所以日積月累可以積少成多。這也是運動員偉大之處所在。偉大的運動員只有每天都經過艱苦的訓練，才能取得輝煌的成就。如果你想掌握某項技能 —— 彈鋼琴、木工、登山、程式設計 —— 那麼你都要花時間。因此你開始得越早越好。當你學習某種技能時，要記住三件事：

> ▸ 你要從頭學起。

> ▸ 你要一步步扎實的學。

> ▸ 不要未學會走時便想跑。

遇到挫折不要洩氣，在你學彈鋼琴的第一天，絕不可能會彈出貝多芬和莫札特的曲子。要想成為高手則需要時間，這是定律。

▸ **掌握知識需要時間**：知識是一點一滴累積起來的。在某一天你學到了某些東西，經過長時間的累積，你所獲得的知識會讓你擁有自己「資料庫」。

▸ **種樹需要時間**：這是極容易被青少年所忽視的事實。假設我住在北方的一個農場裡。如果我放任這塊地不管，那麼第一年會有些雜草長出來。第二年，有些松樹種子會發芽。第三年，我的樹種會生長出來。而且在第一年發芽的樹會長到 1.5 公尺高。到了第四年，這些樹大約會有 3 公尺高。某天當你走到屋外看看這片地，似乎沒什麼變化。直到有一天，再出門時你會驚奇的發現這些樹已經比你還高了。十年後

這塊土地看起來會像片森林。二十年後你會考慮要把這些樹砍倒賣掉，來給你的孩子支付上大學的費用。當你這麼做時，你知道明年又會有種子發芽……

› **樹立觀念需要時間**：在你的一生中，你的觀念會隨著你所累積的經驗、錢財和遇到的挑戰的增加而不斷發生變化。

› **建立信用需要時間**：在美國，年輕人到了 18 歲時，可以拿到自己的第一張信用卡，以 2,500 元為額度。當然和成年人相比，這是小巫見大巫。成年人之所以會有高額度信用卡，是因為他們有不斷的收入來源。例如，如果你能夠建立信用，那麼銀行每年會提高你的額度。如果你的信用卡額度每年提高 2,500 元，那麼到你 40 歲時你就會擁有一張額度為 50,000 元或 60,000 元的信用卡。

› **累積財產需要時間**：把你父母所住的房子和其他 20 歲以下青少年的房子相比，你會發現你父母有較多的「家當」，這是意料之中的事。你的父母在剛開始時也和現在的年輕人一樣。當他們剛從家搬出來時，家裡也只有一個大皮箱。接著他們買了一個沙發，第二年他們會存到足夠的錢買一張餐桌，第三年買一臺精美的電視和錄放影機，第四年買一張漂亮的書桌。然後是洗衣機、烘乾機，再接下來是臥室裡的傢俱……你的父母並不是在剛搬進來時就什麼都有。相反，他們花了 20 年的時間才累積下今天所擁有的一切。你將來也會有這樣的經歷。

› **工作需要時間**：你來自底層，白手起家。你掌握了某種技能，獲得晉升。然後學會更多的技能，再被晉升……沒有人在 18 歲時就會成為一間大公司的總裁。你要學會從底層做起，不斷的向上攀登。或者你去建立屬於自己的事業。

› **增加體重需要時間**：可笑的是大多數人直到身體過胖時，才會意識到

這一點，可惜為時已晚。假設你每天消耗 3,000 卡熱量，當然這並不是很多。按這種吸收量的比率繼續下去，你每年體重會增加 2 公斤。20 年後你的體重會增加 40 公斤。40 年後會增加 80 公斤。這就是為什麼老年人身體過胖的原因。在相當長的一段時間裡，他們每天只消耗很少的一部分熱量。體重在不知不覺中增加。而這又很少能引起人們的注意。

一旦你經歷過這些，就會明白其中的重大意義。對於一個第一次把錢投入到股票市場的人來說，投資失敗是一種毀滅性打擊。然而，對於一個有多年股票投資經驗的人來說，每一次失敗都意味著一次提高。任何一個和好朋友一起經歷死亡的人，都了解那種難以言表的痛苦。但這種痛苦會隨著時間的消逝而減輕。它比死亡本身更易於被人們理解。對於年輕人來說，很難想像自己會成為「孩子的家長」或有一天成為「爺爺、奶奶」，那似乎是既遙遠又難以理解的事實。然而，生存在這個星球上的每個人都要經歷從嬰兒、幼兒、少年、青年、成年到老年的生長過程，下面這個時間表能夠引導你理解這種自然進程。這是任何一個普通人所必須經歷的。

生命的時間表

你是一個青少年。

你第一次與人約會。

你有了初吻。

你第一次外出打工。

你開始刮鬍子或化妝。

你從高中畢業。

你參加大考並考入了大學。

你參加了高級的舞會。

你開始了大學生活。

你開始抽菸，如果你想這樣做的話（沒有人是在成為「成年人」之後才開始抽菸的—從青少年起就養成這種習慣，有了第一次會上癮）。

你擁有了選舉權。

「如果我有 500 或 2,500 元，就去……」你想。你所想買的不過是好一點的隨身聽，或一件新夾克或款式特別的鞋。

20-29 歲

你是一名「大學生」。

你大學畢業。

你的身體停止長高並開始「變壯」。

如果作為青少年的你看起來像個瘦高的人，那麼這就是你步入「正常人」的開始。當你快到 30 歲時新陳代謝的速度會放緩（一個原

因：荷爾蒙分泌減少）。會出現啤酒肚或其他體重增加的跡象。如果你不對此加以阻止的話。

你拿到了第一份「真正的」工作。

你開始打算買房。

你走出大學校門，搬進了公寓。

在你快到 30 歲時，你開始買個像樣的房子。

當你買了第一幢屬於你的房子時，你也買了第一臺電視機。

你有了第一份（房產）抵押證書。

你訂婚了。

你結婚了。

你有了孩子。

像大多數男人一樣，你開始蓄鬍。

如果你掉髮，這會發生在你快到 30 歲時。

臉上出現細小的皺紋。

人壽保險逐漸重要起來。

「如果我有 5,000 或 25,000 元，那麼我……」你想，你所想做的是去買一枚結婚戒指或更換臥室裡的傢俱。

30-39 歲

你是一個成年人。

你出席公司高級經理人會議。

你開始稱青少年為「孩子」。

你第一次獲得重要的晉升，開始承擔較大的責任。

買一幢「真正」的房子是可行的。你已經辦過一次或兩次抵押的手續，所以你了解這種過程。

你開始買第二套電視裝備和更好的傢俱。

你想買一輛便捷的轎車。

你開始考慮退休的問題。

流行歌曲在你耳中成了「噪音」，你不再對其感興趣，相反你更多的關注新聞，了解世界大事，因為它們可能會對你和你的家庭產生影響。

你開始涉足投資領域。

你自己的孩子已成為一名青少年。

四門轎車看起來已更具有誘惑力。

臉上第一次出現較大的皺紋。

你開始覺得自己了解這個世界的運作方式。

「如果我有 50,000 或 250,000 元，我就……」你想。你想做的是付房子的尾款或買一輛更好的轎車。

40-49 歲

你已經成熟起來。

出現白髮，如果你還有頭髮的話。

女人在 40 中旬開始進入更年期。

你扔掉以前的傢俱，取而代之的是更豪華精美的傢俱。

你的孩子離開家門，走進大學校園。

老花眼鏡已必不可少。出現第一塊老年斑。

這時，常會發生「中年危機」。

你喜歡「懷舊」的音樂。

如果我有 50 萬或 250 萬元，我就……」你想，你想做的是去送你的孩子上大學或贖回抵押單據，或積存養老金。

50-59 歲

你成為「爺爺或奶奶」。

由於孩子已離開家和擁有高收入的工作，你開始為退休做打算。

到各地的豪華旅遊已成為可能，由於孩子已離開家，你還有不少的存款，因此你可以更多的「享受生活」。

你的第一個孫子或孫女出世了。

心臟開始出病。

如果你抽菸，那麼肺癌和肺氣腫，已開始出現發病的徵兆。

開始計劃分配財產。

養老保險已更有吸引力。

「如果我有 500 萬或 2,500 萬元，我就去……」你想，這時你想做的就是及早退休。

在這個時間表當中你要注意幾件重要的事：許多重大的事情都發生在你二十幾歲的時候。在你從青少年向成年人過渡的這段時期裡，你將會走出大學的校門獲得第一份工作，從家中搬出來，得到一輛自己喜歡的山地車，一間房子，開始繳稅，結婚，有孩子……如果你現在 15 歲，那麼很可能 10 年之後你會與現在完全不同。你會從一個全新的角度來看待世界，你會對不同的事情感興趣。這也是為什麼那些早婚者（18 歲就結婚的人）無法維持長久婚姻的原因。兩個在 18 歲結婚的人，完全不同於在 25

歲結婚的伴侶，他們在任何事情上都難以維持長久的興趣。盡可能的記住這一點，當你在做決定時要想到：

十年後我會與現在完全不同。

正是因為這一點，所以你現在要盡量避免做出重大的決定，尤其是像結婚那樣會鎖住你一生的決定。

唯有付出才能真成長：一個人學習成長，不能單靠吸收，像海綿一般地吸收，更需要的是付出。

法則 16　制怒與耐心傾聽的祕密

生命非關重大成，而是珍貴時刻。

成功者不輕易動怒

憤怒是個棘手的問題。你在 10 歲或 11 歲時會表現得很好，那是因為你沒有真正關心過這個世界上的任何東西。然而青春期的到來，使你發生了巨大的變化。許多青少年都喜歡用憤怒來解決問題，就像你兩歲時那樣。你經常會勃然大怒。對你來說，很好地控制住憤怒似乎是不可能的。因為你缺少理性思考的能力，你只能從青少年的角度來想問題。而那些真正的成功者的特點，就是能夠很好地控制住自己的憤怒，並對它進行有效的利用。

憤怒的問題，在於它能夠產生毀滅性的後果。可電視和電影卻告訴人們，憤怒是一種正常的有用的情感。但在現實生活中，卻正好與此相反，憤怒更多的是具有毀滅性而不是創造性，它更易於把人擊倒，而不是幫人站起來。請看下面幾句話：

一言即出，駟馬難追。

不要在憤怒時草率行事，因為憤怒總是喜歡和愚蠢相伴而行。

憤怒是一種愚蠢的行為。

生氣時，在你說話之前要數十下；如果你生氣要數一百下。

別讓太陽落在你的憤怒上。

憤怒是你內心力量的源泉；但它能蒙蔽你的心智。

你常常能看到一些和憤怒有關的詞語，而且你會發現它們當中沒有一個能產生正面的效用：

生氣、盛怒、憎惡、報復、怨恨、狂暴、大怒、憤恨、憤慨、狂怒、凶暴、挑釁、勃然大怒

然而，憤怒也有其自身的位置。

我們稱讚那些會在正確的地方、時間，為了正確的原因、針對正確的人而發怒的人。

—— 亞里斯多德

憤怒從哪來？

為什麼憤怒是一種危險的情感？它來自哪裡？如何對它進行有效的利用？這些都是很重要的問題。理解憤怒，憤怒是一種普遍存在的情感。老鼠、狗和黑猩猩也會和人一樣，為了同一原因而發怒。下面是一些能夠引發人類和獸類憤怒的典型事例：

當肉體的安全受到威脅時，會自然的產生防禦反應。

要保護某一重要資源，像食物、水或伴侶。

某種騷擾。例如，當一隻狗受到一群小狗的糾纏時，牠會以憤怒做為回應，相似的一隻小狗在玩耍時不注意，被咬得很重時，也會很憤怒。

儘管你是人類中的一員，但除非你能很好的控制自己的憤怒，否則你也會有相同的反應。你有能力控制你大腦內憤怒裝置的兩部分：引發你憤怒的部分和作出反應的時間。這兩部分會隨著你年齡的增大而發生變化，而且你可以有意地對它們進行控制。

能夠幫助你理解憤怒的做法，就是坐下來寫出使你生氣的事情。這是一種很有意義的做法。如果你發現自己寫不出來，那麼你可以在幾天之後重新審視自己。你終會找出那些事情，也許是你父母或朋友對待你的方式惹得你很氣憤。而有些陌生人的行為，或者社會現狀、交通問題、別人的侮辱，也同樣會令你很生氣。你要清楚的寫下那些引發你憤怒的事情，然後盡量找出典型的例子。

憤怒的觸發點，在你生命的每一刻都會發生變化。一般而言，它會隨著你年齡的增大而呈現出一種上升的趨勢。2 歲的孩子會由於很微不足道的事情發怒，而青少年也很易於被激怒。然而，許多老年人卻很少生氣。你也許已經注意到壓力和疲勞也會引起憤怒。例如，當你赴約遲到時，路上的紅燈會惹得你發火，相反，如果你與一個使你很快樂的人在一起，那麼路上的紅燈可能會令你很高興。

你也可以把憤怒的觸發點，看做是產生災難性後果的起點。每一天在你身邊都會發生很多事情，而每件事情都會不同程度的煩擾你。因此，就連紅燈也會令你不高興，別人說你是傻瓜，某人對你失約，都同樣會令你氣憤不已。

憤怒與嫉妒

嫉妒是憤怒最親密的夥伴。有些人的嫉妒心很強，它是你的大腦中直接與憤怒相連接的部分，你可以這樣看待嫉妒：嫉妒是你大腦承認夫妻中一方過失的方式，是夫妻的保護傘。想像一下在野外有一對夫妻。男人 A 有一個妻子和一個孩子。男人 B 則想辦法接觸和利用男人 A 的妻子。這無疑會引起男人 A 的嫉妒，他用叫喊／毆打／謀殺等，表達憤怒的方式來顯示他的嫉妒。這可能要追溯至兩萬年前，但即使在今天如果它不能被人們很好的控制住，也會出現許多問題。

如果你是一個脾氣暴躁的人，那麼你的觸發點就很低，很小的一件事也會使你憤怒不已。相反一個很冷靜的人就有一個較高的觸發點，而且不易於被激怒。

你能夠控制自己的反應程度。某些事情會惹得每個人都很生氣，但人們卻能對這種刺激做出不同的反應。有些人在盛怒之下會失去控制，有些人則能夠很圓滑、老練的將問題處理好。這兩種人之間的差別就是「控制」。

如果你能夠仔細地觀察發生在你身邊的一切，看看不同的人是如何處理不同的事情，那麼你會受益良多。成年人能夠很平靜地表達出他們的觀點，甚至在他們生氣時也不會大喊大叫。他們也會生氣，但不會在大眾面前失控。成功者更是能夠很好的控制自己的憤怒。儘管人們都知道憤怒是一種不成熟的表現，但還是對它缺少控制。

你將會注意到憤怒是夫妻間一個特殊的問題。當夫妻雙方情緒都不佳或產生矛盾時，他們很容易會發生大的爭執。要兩個人永遠生活在一起似乎是不可能的，而且還要他們彼此忍受對方發脾氣就更難了。好的夫妻能原諒對方和忘記爭執，因為他們都知道這是毫無意義的。他們把憤怒釋放出來，然後彼此諒解並繼續生活。兩個在一起感覺很好的人，婚後能完全忘記彼此間發生的爭執。那些無法控制憤怒的人，在吵架後仍然會不斷的攻擊對方。有一句很有趣的話：「引發爭執需要兩個人，而結束它只要一個人就夠了。」

控制你的憤怒

如果每天你記下所有令你生氣的事 —— 哪怕只這樣做一個星期，—— 你就會發現有許多事都是微不足道的，想一想那些令你生氣的事情：

▸ 你想穿某件襯衫上學，而它卻是髒的。

▸ 你媽媽說她會準時到家，可她沒有。

▸ 你的表妹拿走了你的一張光碟。

▸ 你最喜歡的電視劇被足球賽轉播取代了。

誰會關心這些事？它們根本不值得你浪費時間來為它們生氣，因為這都是些無關緊要的小事。對大多數人來說學會控制憤怒，是一個既漫長又充滿艱辛的過程。儘管這樣做困難重重，但卻值得你為它付出努力。因為憤怒只能給你帶來災難性後果。透過學會控制憤怒，能幫你消除通往成功之路的最大障礙。

假設你的父母做了某些令你既氣憤又難過的事情，你可以用憤怒回應他們，大喊：「你們為什麼要生下我！我恨你們！」你可以乒乒乓乓的跑回房間，用力關上門。但是認真的思考一下，你的父母對此會有何反應？你

這樣做毫無意義。

下面三件事，對你控制自己的憤怒，可能會有所幫助：

> 在你對某些會令你憤怒的事做出反應之前，先等一個小時，最好是一兩天。不要說話，只用腦子想，一天之後你會吃驚的看到生活中有許多瑣碎，無足輕重的事情。你還會發現如果自己肯花時間思考的話，對於許多問題你都能夠想出很理智的解決辦法。

> 在憤怒上超越自己。當你生氣時要對自己說：「我能比這做的更好。我很成熟，一個成熟的人會對此做何反應呢？」

> 理智的看待事情，總好於充滿憤怒。對你所處的境地進行理性的分析，然後做出正確的反應。

其他的做法就是記下每天惹你生氣的事情和你對此的反應，哪怕是不好的反應，從中你會發現在憤怒中得不出任何有益的結論。透過這種做法你能夠學到很多東西。

化干戈為玉帛

在控制憤怒的過程中，你所要努力做到的就是能夠對外界刺激做出積極的反應，看看那些使你生氣的事情然後問自己：「為什麼這件事會令我很氣憤？我希望它是個什麼樣子？」例如，如果你的兄弟沒有問過你便拿走了你的 CD，這令你很生氣，那麼與其對他發火，還不如找他談談。他會聽嗎？也許會，也許不會。他可能會說你是個傻瓜（特別是你比他年紀小時）。假設他真這樣做了，在這種情況下，你可以試試別的辦法，找出他將來可能會有求於你的地方，然後說：「記住我是如何禮貌的告訴你，不要拿我的 CD 的，我會辦到答應你的事。」這時，他一定會聽你的話，這是一種有趣的方法，這也是成功者在化解爭執時，最常用的外交技巧。

了解你的思想狀態

　　每個成功者都能清楚地了解自己的思想狀態。成年人清楚別人在說些什麼。在交談中，他們常常能夠表露自己的思想，以幫助別人理解每句話的意思。例如，一個成年人能夠感覺得到他何時會生氣、焦躁、被威脅和迷茫等等。而且他也能夠掌握其精神狀態的變化，例如，一個成年人可能會說：「我感到你的話是在威脅我，我不敢確定是否了解你的意圖。現在是我對此的反應，待會我有時間再就此與你好好談談。」注意這段話中告訴了我們多少資訊。首先，我們看到了這個人對這場談話的感受：是威脅。其次他對另一方所要表達的意圖感到困惑。還有他知道自己沒有認真思考過每件事，這是他目前的反應。過一會兒他會更理智一些。

　　此外一件事我們要注意到的就是成功者能夠割斷情感和行為之間的連繫。當一個孩子生氣時，會不斷的做出反應，他的身體處於憤怒狀態中。這個孩子的憤怒直接和行動連接在一起。一個成年人會「感」到憤怒，但他不會表現在行為上，他會給自己時間去思考。下面這個例子會幫助你理解這種區別，如果你去碰一個熱火爐，那麼你的手馬上會縮回來。這種「刺激」（熱）和你的「反應」（把手縮回來）是直接連繫在一起的，而你的大腦意識並沒有涉入這個行動當中，但是如果你感到痛，並把這一信號輸入你的大腦，然後想：「對於這個『痛』的信號，最佳的反應是什麼？」那麼你會據此做出反應。這就是成年人處理憤怒的方式。成功者能夠感覺到他們何時會發怒，然後馬上對此進行思考，找出最合適的反應方式，而不會立即把怒火爆發出來。這種對憤怒的控制程度就是衡量一個人成熟與否的指標。它會使你周圍的一切依賴於你和你的情感。

　　在我們的生活裡，各式各樣的人來來去去，有些人雖只停留片刻，但我們的人生卻從此不同。

法則 17　傾聽的祕密

　　朋友是你送給自己的禮物。我記得當我還是一個青少年時，曾有很強的說話欲望，因為我「無所不知」。事實當然不是這樣，但我的確向這個方向努力過。或許有時你也會有同樣的感受。你覺得自己必須講些什麼，否則別人就會忘記你的存在或把你當作傻瓜。可能你還會覺得儘管自己在不停的說話，但講的還是很少或根本沒講出什麼有實質意義的東西。

傾聽出成長的智慧

　　在這個世界上，有許多人都具備優秀的思想，他們都想練就優秀的口才將自己所思、所想準確地表達出來。而透過傾聽你就會受益匪淺。我們現在所做的就是閉上嘴去聽別人講，我們能從他們身上學到很多有價值的東西。直到長大之後，我們才會發現世界上有很多比我們經驗豐富，比我們更有智慧的人，值得我們去學習，正所謂「三人行，必有我師焉」。

　　透過傾聽，你還會為自己省去許多麻煩。許多人都想對你說話。或許是他們與你之間產生了問題，或許是他們本身有問題。但問題並不易於解決，這需要一種特殊的傾聽方式。特別是進行抱怨或批評時，更是很難展開公開的討論。像所有的人一樣，你也不喜歡看到自己是陷入錯誤的或像個白痴。在這種情形下我們自然是很難做到傾聽別人的話。

　　「正像嬰兒出生後，由於這個世界所帶給他的新鮮刺激而使他出神一樣，青少年也會由於想到某些嶄新的觀念，而令自己全神貫注。這種出神常常會導致利己主義，它主要表現在兩個方面：第一，這個人會認為其意識形態、價值觀和自己所關心的事物，對別人來說也是同樣重要的。第二，對新思想的急切探知，會使得人們對它的特性給予過高的評價，最後這種探知，會以人們對這種思想的疏遠或誤解而告終。儘管正式操作的階

段在拜爾吉特理論中是認知發展的最後階段，但作為同齡者和年長者之間相互影響的結果以及 —— 最重要的 —— 對成年人的作用和責任的假設，使得這一階段中的利己主義，在人類生存的發展進程中得以減少。」

在這段引文中有一句重要的話，就是「這個人會認為其意識形態、價值觀和自己所關心的事物，對別人來說也是同樣重要的」。當你很艱難的弄懂所有的術語之後，就會明白這句話的意思是「青少年講的太多」。這段話所說的另外一件事就是伴隨著大多數青少年的利己主義而來的是傾聽得以減少。

在上述內容中，我們看到了傾聽的許多益處：

▸ 你能學到很多東西。

▸ 你會發現很多解決問題的新方法。

▸ 你會明白自己不是宇宙的中心。

▸ 你能夠建立對別人的尊敬感。

▸ 你能夠了解別人想要些什麼。

▸ 你能夠避免自己出醜。

特別是最後一點，對於你能否在這個世界獲得成功具有重要的意義。

理解真正的傾聽

傾聽似乎很容易，你所要做的就是豎起耳朵聽到別人講話，真是這樣嗎？為了解聽的不同方式，讓我們來看兩種不同的非傾聽狀態：

假設你與另一個人待在屋裡，你在講話，他在傾聽。如果對方是個死人，那麼他是在傾聽嗎？不是。如果對方是個聾子，他是在傾聽嗎？不是。如果對方不懂你的語言，他是在傾聽嗎？不是，如果對方是個活人，

能聽懂你的話，但他在想著上個星期六的約會，那麼他是在傾聽嗎？不是。因此，從這幾個問題中你能夠看出「在同一間屋裡」和「傾聽」之間有著巨大的差別。

假設你與另外一個人待在屋裡，你在講話，他在「傾聽」。如果這個人不懂得你在說些什麼（例如，你在談論電腦，而對方從未見過電腦），那麼他是在傾聽嗎？不是。或者你認為你所說的話完全沒有惡意，可這個人突然對你大喊大叫。例如，你說：「我喜歡你的貓。」但對方以為你在說：「我認為你很胖。」那麼他是在傾聽嗎？不是。從這部分中你能夠看出單純的「聽」和「傾聽」之間也存在著不同。

傾聽的意思是你能夠聽到並理解對方講的話，而且就對方所說的，你能夠做出適當的反應。真正的傾聽需要五個步驟：

1. 接受資訊。
2. 理解資訊。
3. 理解對方在話語中，所要表達的意圖。
4. 就你對講話者和這場談話的看法做出決定。
5. 就對方所講話的內容，做出適當的反應。

重要談話前的五步準備

當你忙於進行一場重要的談話時，你要在一兩秒鐘內做好五步。你要經過大量的練習之後，才能真正做到傾聽。讓我們仔細看看所有的這些步驟。

第一步很簡單。當有人對你講話時，你只要豎起耳朵，集中注意力，便會收到對方講話的資訊。這是單純的聽。

第二步需要大腦進行工作。你要對收到的資訊，進行加工並找出話語的意思。你常常透過附和來表示你聽懂對方講話的意思。例如，當有人講過話之後，你會說：「如果我沒有聽錯的話，你的意思是……」換言之，你將對方所說的話進行意譯，以表示你符合他的觀點或看法。

第三步要求你能夠聽出「層次」。以便找出對方所要表達的意圖。講話者可能：

> 想用故事來取悅你。

> 想打發時間。

> 想要阻止你離開。

> 想教你些什麼東西。

> 想嚇唬你。

> 想令你產生不良的感覺。

> 想令你產生良好的感覺。

> 想進行瑣碎的談話。

> 想表達他或她的感情。

> 想勸說你去做某事。

> 想令你對自己的想法產生懷疑。

> 想進行有益的或有害的批評。

> 想侮辱你。

> 想進一步了解你。

> 想考驗你。

你可以用同樣的方式解釋對方話語的意思。如果你無法確定的話，可

以透過試探對方的態度來了解他的意圖。或者你對他所說的話做出提問。

　　第四步要求你做出決定。你要根據所聽到的內容來決定自己對此的看法。你也可能要經過一個小時或一天的思考，才能做出決定。在這種情況下，你可以要求對方給你時間。

　　此外，一旦你做出決定，就可以選擇自己對此該做的反應。做出反應是最難的一部分，尤其對青少年來說更是如此。青少年由於缺乏經驗，所以無法像成年人那樣有許多種反應方式可供挑選。另外，青少年常常會表現得很衝動，不夠理智。衝動經常會導致錯誤的反應方式。下面有一系列可供選擇的反應方式，請看這三個例子：

　　如果有人對你說：「我看到你頭上長了三個紅色的角。」那麼正確的反應是你對其置之不理，因為他所說的話，至少在表面上是荒謬的。你可以要求對方就此做出解釋，如果沒有更深的含意，那麼你忽視對方就是最好的反應。

　　如果有人很好意的對你說：「你很天真。」你對此可能會有好幾種反應。一種是你會忽視這個人所說的話，另外一種是你也許會感到憤怒。但是，他所說的話可能是事實，你真的很天真。因此，你會從傾聽中得到很多有價值的資訊。而且你的反應也會是這兩種之一。

　　如果有人充滿惡意的說：「你是個白痴！」那麼事情可能很複雜，但你要對此做出反應並保護自己。在這種情形中你要了解說話者的意圖並改變對方的看法。

　　正像你看到的那樣，真正的做到傾聽需要付出巨大的努力，還要讓精神高度集中。那些會傾聽的人一般都很成功，因為他們在各種情形下都能與人很好的交流，並就對方所說的話做出正確的反應。

傾聽的影響力

假設你認識了一群人，在這群人當中有成年人，也有青少年。你加入到他們當中，與他們一起工作、娛樂和上學。這件事可能很重要，也可能沒什麼用。在與他們順利相處的過程中，你對他們施加影響的一種方法，就是在說話前多花些時間傾聽。這麼做對你這個「新加入者」來說是很重要的。

任何一個人類團體中，都存在著一些相當標準的影響力。例如，你在會議中能發現以下現象：

每個團體一般都有一個領導者，這個領導者可能是名義上的，也可能是實際的。

這個團體中的其他成員，也許會接受這個領導者，也許不會。如果他們不接受這個領導者，那麼他們可能會公開的表露出來，也可能會在私下裡進行反對。

對於不同的人所發表的觀點，你可能會同意，也可能會不同意。你是在聽完許多人的陳述之後，才會表示出同意或不同意的。你會「喜歡」這個團體中的某些人，也會「不喜歡」某些人。

某些話題很難在這個團體中展開討論。每個團體都有其組建、融合的過程，這些不便談論的話題也是長期存在於這個團體之中的。

這個團體中的每個人都具備人格特徵，有的人嗓音高且很健談，有的人則很安靜，不大喜歡講話，有的人不經思考便講話，有的人只有在考慮好自己要說的話之後才會開口，有的人重感情衝動，而有的人則很穩重……

這個團體也許會有步伐一致的工作，也許會發生分裂。

這個團體可能有很好的組織性、紀律性，也可能是一盤散沙，或者介於二者之間。

這個團體會喜歡或不喜歡你待在這裡。

透過參加這群人的會議，你能夠發現這些事情。除此之外你能夠看出什麼是對他們很重要的和他們想要努力實現的目標。你可以向他們提供些幫助。

在這裡並不要求你講話。但在你還沒有準備好要去講話之前，如果有人向你發問，你可以：

說一些像「我是新來的，還不熟悉這裡的一切。我沒有什麼話可說，大家請繼續吧」這樣的話。

就剛談論過的話題進行發問而不必急於陳述你的觀點。

對自己剛才所聽到的內容，進行高度的整理分析。

如果你已經準備好了，當然可以陳述自己的觀點。但在任何情形下，你都要想好講話的重點之後再開口，透過傾聽你會了解到什麼是最重要的和該怎樣做，別人才會接受你所傳遞的資訊。在講話前要進行認真的思考，只有這樣，才能確保你的發言既很有意義又不會和談話的內容脫節。

任何人都可能是你的顧問

一次我去看一個朋友。談話中他說起了他 10 歲女兒已經玩了一個月的電腦遊戲。當我們在一起坐下吃飯時，他的女兒向我講起了這個遊戲。

這個遊戲的構思很有趣：你生活在西元 1800 年代，想組織一個到加州的貨運車隊。這個遊戲從你到達中西部的小鎮開始。在你的口袋裡有一定數量的錢。你的目的是走遍小鎮中所有的商店，買車輛和牲畜以及其他的裝備和必需品。完成這些後，遊戲剩下的部分是你要在通往加州的路上，經歷一個真正車隊會遇到的全部艱難險阻。

遊戲開始了，我在小鎮中四處走動。我遇到了一些問題：

我需要多大的車？

這些車最好是用馬拉，還是該用牛或騾子拉？

我要多長時間才能到達加州？

對上面的問題做出回答之後，就剩我該買多少食物和哪些西元 1800 年代的用品，類似於「50 磅麵粉」、「10 磅鹹豬肉」和「一桶乾酪餅乾」這樣的問題了。

我該買多少支槍、多少軍火？我會用它們來打獵或保護自己嗎？

在該買的東西中，我是否忽略掉了什麼？（鹽就是一個很好的例子）

藥房是最有趣的地方，在那裡你可以買到各式各樣的藥，這些藥我以前從未聽說過。我需要哪一種藥？它們都是治什麼病的？何時我會用得著它們？哪種藥適合我？我對此一無所知。

然而，我那個 10 歲的小朋友卻很明白。她似乎已經玩了 100 次，她帶領我去每個商店，告訴我該買些什麼和為什麼要買這些東西。所有的知識她都是從遊戲中獲得的。她就像是我的顧問，我所做的就是聽她的話，我成功的機會無疑會大增。

在現實生活中，你身邊有許多這樣的顧問，他們都是成年人。你在做任何事之前，你該向那些已經做過此事的人請教一下，看看能從中學到些什麼。當你從他們身上學會該怎樣做時，你成功的機率毫無疑問會大幅的上漲。

必須累積許多了解、時間與信任，才能建立一種親密的友誼，當我的生命彷徨不定時，朋友就是我最寶貴的資產。

法則 18　成功的祕密

生命是一種奇蹟

你的生命是唯一的一次奇蹟

熱愛生命是一種奇蹟

熱愛是人類最偉大的力量

成功是你的責任

一個成功者因失敗而失去所有的物質財產時，可能暫時會無家可歸，但是他不會永遠翻不了身。一個成功者了解這個世界的運作方式，並掌握了一系列很有價值的技能和知識。成功者即使失敗了，他們仍能運用自己的知識再次獲得成功。

至於幫人們獲得成功的技巧，本書已經談了很多。當你在自己的生活中為了成功而不斷探索時，你可以朝著改進這些技巧的方向奮鬥，並讓它們為你服務。下面內容把這些獲得成功的關鍵因素，進行了整理分析。

毅力與紀律

成功者都有不屈的毅力和很強的自律能力。當你為自己設立了成功的目標之後，如果你只經過一次嘗試，便實現了這個目標，你便要認識到一般而言，這不是世界的運作方式。例如，你的目標是作一名成功的演員，那麼你想第一次試鏡，就登上主角的位置，這是幾乎不可能的。因此你需要有毅力和自律能力，繼續參加各種試鏡，勇敢地面對失敗，不斷地磨練演技，最終你一定會成為一名偉大的演員。

對於這個世界上 99.99% 的人來說，成功都是一個漸進的過程，它要求你具備堅韌不拔的毅力和很強的自律能力，能夠進行刻苦的奮鬥，每一

天堅定不移地朝著你的目標努力奮鬥。毅力的基礎是樂觀，它能幫助你在各種情形下看到成功的潛在可能性。另外就是艱苦的奮鬥。當你的朋友去參加舞會時，而你卻能夠坐下來完成功課，這就是一種奮鬥，它使你在學習中，獲得優秀的成績；頑強地度過大學四年或六年的求學生涯，不斷地累積知識，這也是一種奮鬥，它會使你得到理想的工作；做好自己的本職工作，儘管你可能並不喜歡這份工作，這還是一種奮鬥。正是這種堅持不懈和自律使你得到提升。頑強地毅力和自律能力會令你夢想成真。

勇於承擔風險

一個人要想成功必須能夠承擔風險，而且還得有勇氣接受雖然勇於冒風險，但未必會有結果這一事實。換言之，你必須能夠面對失敗。失敗之後，你還要再站起來，從錯誤中累積經驗，繼續奮鬥，繼續承擔風險。許多成功者在他們真正到達成功的頂峰之前，也曾狠狠的跌倒過無數次，這是生活中的事實。

令一個成功者在失去所有財富之後，仍然能重新擁有一切的是他或她的頭腦。知識使你變得有價值。知識對每個人來說，都是自由開放的。你可以到任何一個公共圖書館去吸收你所感興趣的知識，你今天就可以這樣做。正像我們曾討論的那樣，你可以透過自由挑選專業，並成為這一領域的專家而令自己更有價值。一旦你擁有了知識，就沒有人能把它奪走。知識是你永恆的財富。

把握每一次成功的機會

成功者都很有運氣，但他們的運氣卻很有意思。路易·巴斯德（Louis Pasteur）（19 世紀著名科學家）曾說過：「機會只偏愛那些有準備的人。」這就是成功者的運氣。

　　每一天，每個人都會碰到意想不到的機遇。有些機遇很小，有些則很大。成功者是那些能夠抓住機遇的人，他們為這些機遇付出了必要的努力，並利用它們來實現自己的目標。這在科學領域中很常見，理解這種機遇是很重要的。讓我們來看兩個例子：

　　假設你在實驗室裡工作，研究魚類上的細菌。一天當你處理一些死魚時，偶然間發現在一條魚身上長了一些黴菌。這些黴菌被死亡的細菌所包圍。你對這些黴菌進行培養，並從中得到些提取物，你發現牠們能治療某些動物身上由細菌引起的疾病。這就是第一種抗生素的發現過程。有趣的是在亞歷山大·弗萊明（Alexander Fleming）做出這一發現之前，許多人都曾注意過這一現象。他只是付出了必要的努力並緊緊地抓住了這一機會。

　　假設你在實驗室工作，你用小雞作實驗，在牠們身上注射了某種細菌。一天你在雞身上注射了一種細菌培養液，你預料這隻小雞會死掉，可牠只是病了幾天後又恢復了過來。當你回過頭來重新檢查這些細菌時發現，注射在雞身上的都是些衰老的細菌。於是你又重新往雞身上注射了一些活動力強的細菌。這一次那些雞竟然連生病都沒有。路易·巴斯德對這一現象，進行了多次實驗，於是他因此基礎，創立了免疫學說。

　　在科學領域中記載了數千例這樣的偶然事件：「X」射線是在偶然間發現的，胰臟在糖尿病中的作用，還有脈衝等都是意外發現的。

　　衡量一個人成功與否的指標，就是看這個人是否能夠把握住偶然出現的機遇，並從中發現有價值的東西。我們把這種發現的機會稱之為「運氣」。但這是一種特殊的運氣，因為它對每個人來說都很有價值。

　　寫出你所面臨的選擇，對這些選擇進行評估，然後做出最佳的決定，這對你能否成功很重要。成功者能夠在各種情形下，做出正確的決定。

邁向成功

如果你能夠花時間讀一些成功者的自傳，那麼你會發現這些人當中，絕大部分都是平民大眾。很多人都是從年輕時開始努力的，並掌握了所有的成功關鍵

例如，比爾蓋茲，作為微軟公司的總裁他已成為現在世界上最富有的人之一。如果你讀過《未來之路》（*The Road Ahead*）這本書，就會發現他的成功，也是從青少年時期開始的。最初，他迷上了電腦，於是他在學校裡編寫程式軟體。他擁有頑強的毅力和很了不起的自律能力，當他成功地編寫出 BASIC 語言時還是個青少年。他承擔了退學的風險，開始創建自己的公司。他樹立了目標並將之實現。他曾在技術和軟體方面，做出了許多非常好的決定。當然，這其中也存在著一些運氣，但關鍵是他抓住了每次降臨的機會並充分地利用了它們。

沒有什麼能夠阻止你獲得成功，機會對每個人來說都很公平。但是，成功是你的責任 —— 你要積極地行動起來，令夢想成真。同時，你要付出巨大的努力，這其中的重點在於如何開始以及怎樣運用那些對在你之前的每個成功者都有效的原則。

你有信仰就年輕，疑惑就年老

有自信就年輕，畏懼就年老

有希望就年輕，絕望就年老

歲月使你失去了熱愛，就損傷了生命。

第六篇　金錢崇拜

　　它是一種信仰，認為一切價值都要用金錢來衡量，金錢是人生成功與否的最終考驗。這和人的本性並不一致，因為它忽視了生命的需要，也忽視了對於某些特殊的生長本能的傾向。它使人認為和取得金錢相反的願望是不重要的，而這些願望，一般說來，對於人的幸福比收入的增加更為重要。它從一種錯誤的關於成功的理論，引導人殘害了自己的本性，並且使人羨慕對於人類幸福毫無補益的事業。它促進人們的品格和目標趨於完全一致，降低了人生的愉快，增加了緊張與繁重的感覺，使整個社會變得厭倦、負面和缺乏幻想。

　　由於懼怕失掉金錢而發生的憂慮與煩悶，使人把獲得幸福的能力消耗掉，而且恐懼遭受不幸的懼怕，比起所懼怕的不幸來，還更為不幸。

　　不論男女，最快樂的人是對金錢不關心的人。因為他們有某些正向的目標，把金錢驅出門外。

──〔英〕羅素

　　金錢在現實生活中有著重要的地位。在本書的開篇你已經了解到金錢是何等的重要，金錢是生存的基礎。一旦你有了錢，理財就變得十分重要了。透過管理你手中的金錢，你能累積財富並更快的實現自己的目標。本篇將向你介紹一些有關金錢的重要事實，以便你能夠掌握關於理財的基本概念和術語。如果你對這部分很感興趣，那麼你可以到圖書館或書店去閱讀一些與此有關的書籍。

法則 19　投資與理財的祕密

　　人知道得越多，就越能寬恕別人；而對生命有深刻的體會的人，必能同情他人的悲喜。

個人金融

　　「個人金融界」是一個帶有數百種選擇和擁有許多特殊詞彙的巨大空間。因此我們中的許多人，不明白個人金融和控制你的財力是什麼意思。由於缺乏這方面的知識，使得你成功的機會大受限制。如果你能夠循序漸進地進行學習，那麼你真的會滲入這一領域並掌握有關的知識，在本法則中，我們將從頭開始。看看那些生活中最基本的事實是如何直接影響你和你的財力的。

　　如果你是一名成年人並與其他人一樣，那麼正常來說你會有一份工作。正像在本書最開始講的那樣，你對此別無選擇。你每天都要去上班工作。每兩週或每個月後你都拿到一定數額的薪水的支票。為了這個例子著想，我們虛構了一個名叫鮑伯的人，24 歲的電腦工程師，大學畢業兩年。他每月的薪水是 15,000 元，一年賺 180,000 元。

　　因為你有工作，所以你要繳稅。這毫無爭議。我們的政府，為了使你

的生活更便利，它很禮貌地從你的薪水中拿走一些東西。事實證明，這部分已經不存在了 —— 你甚至從未接觸過它。政府收取 7%，社會管理機構和國家醫療制度還要收取 7.5%。當鮑伯領到這份薪水時，支票上面的金額已經由 15,000 元減少至 12,700 元。

15,000 元全部收入

-1,050 元所得稅（收入的 7%）

-1,250 元國家醫療照顧制度（7.5%）

……

12,700 元鮑伯拿回家的淨收入

扣除的數量要取決於鮑伯是否結婚（他的妻子是否工作），他是否有房子，他的生活狀況，等等。

你想生活就要花錢，因此，你會有消費。一個普通人，每個月都有一些固定的消費。鮑伯是一個單身男人，他的月消費如下：

房租：3,500 元

能源費：400 元

電話費：250 元

有線電視：400 元

行動電話：750 元

食品雜貨：1,500 元

看演出、外出吃飯：1,500 元

交通費：100 元

對許多人來說，如果他們能清晰簡潔的寫出這樣的月消費支出，這意味著他們在個人理財上邁出了重要的一步。

　　這裡每月的支出為 8,400 元。如果這是生活中所有的消費，那麼鮑伯還算能負擔得起，因為他的收入差不多與支出相抵。遺憾的是，生活中還有其他三件你無法忽略的事情：

1. 你會遇到問題。例如，你的保險費每月又增加了 150 元；或者你的山地車丟了；又或者你遇見了一位「特殊」的朋友，這迫使你和他／她到外面去吃飯。一個月下來，你們共吃了 14 次，這大大超出了你的預算。再或者你失業了。

2. 你也有欲望，世界上的每個人都有某些欲望，只不過有的人表現得更強烈些。你可能想擁有一套全新的傢俱，一臺新電視或環繞音響，想為你的母親或配偶買一份精美的新年禮物，想要一件珠寶首飾，一套新衣服，等等。你也許想馬上擁有這一切。有時你無法控制住自己，不得不去滿足自己的一種欲望。或許在某個月鮑伯花 5,000 元買了一臺電視機而不自知。

3. 因此，你會背上債務。債務緩和了支出和收入之間的矛盾，對於大多數人來說，日常債務就是信用卡，像買車或買房等大一些的債務有正式的貸款。舉債本身並不是一件壞事。問題在於債務數額和累積。在鮑伯的案例中「問題」和「欲望」使他在信用卡的天秤上失去了平衡，向一邊傾斜，因為他沒有其他的收入來源，在正常的月分裡，他的收支會平衡。在其他不正常的月分裡，他就得靠信用卡來度日了。

　　假設有人用魔杖使鮑伯擁有了雙倍的薪水，這樣真的很好嗎？事實上，99％的人（包括鮑伯）會迫不急待的去增加他的消費支出。如果你告訴 100 個人他們半年後會拿到雙倍的薪水，那麼有 99 個會在期待這筆錢到來的同時增加其消費。他們會搬到更美的地方去住，會開更好的車，買更多的奢侈品，直到他們的支出再次大於收入為止。這就是鮑伯為什麼會

是今天這個樣子的原因。很明顯，賺更多的錢並不能解決問題，因為人類似乎天生就有消費的欲望。他們先吃光盤子裡的食物，然後再重新把冰箱填滿。大多數人都過著這樣的生活。而那些能夠控制自己財力的人，就會以另外一種生活方式來解決這個問題。

認識基礎的金融工具

根據金融業未來的發展趨勢，大多數的成年人，無論他們金融狀況怎樣，都會使用如下三種基礎的金融工具來控制自己的財力。它們是：

- 活期存款
- 信用卡
- 保險

許多年輕人都喜歡活期存款。你把錢存入銀行，透過寫支票就可以把錢提出來。如果你寫的金額大於你的餘額，那麼就會遭到退票，所有的人都認為這種行為是一種金融詐騙。這會寫進你的信用紀錄中，當你申請貸款或其他帳戶時，會因此而遭到拒絕。你每次存錢和寫支票時都要對帳戶裡的錢有個清楚的紀錄。在你每次存錢或領錢時都要讓銀行做個結算，以確定沒有犯錯。

許多青少年也喜歡信用卡。你可以用信用卡去買東西，儘管你身上沒帶錢。銀行在設定信用卡時會允許人借貸，而且知道你會償還差額。你還要向借款支付利息。每個月你還會從銀行裡拿到一個帳單，上面詳細列舉了你購物所花的錢和支付的利息，還會告訴你這個月欠多少錢。你不必一次還清所有的欠款，但你每月都得償還一部分，至少不低於最低限額。如果你每月還不上錢，同樣會被視為金融詐騙，它會被記入你的信用紀錄中，當你想貸款或開其他帳戶時會因此而被拒絕掉。

　　金融工具就是你用來存錢或進行投資的工具。活期存款就是一種很好的金融工具，它有其自身的長處和短處。當你年紀再大一些時，你會使用其他的金融工具，因為你的錢要儲蓄或投資，這些工具包括儲蓄帳戶、證券存款、股券、債券和共同基金。

　　大多數青少年都對保險不太了解。以下有多種保險：

▸ 汽車險

▸ 房屋險、房屋租賃險

▸ 人壽險

▸ 醫療險

▸ 意外傷殘險

　　大多數成年人至少會保三種險，有些人甚至會將這五種都保。

　　保險的目的就是將風險於轉嫁給其他人。例如某個小鎮裡有 1,000 幢房子，平均造價是每幢 50 萬元，假設每年都有一個房子要被燒掉，沒人知道哪幢房子在今年會被燒掉，於是每人每年都拿出 500 元作為備用金，當有人的房子被燒時，就可以用這筆錢新建房子。這就是建立保險的原始構思。由於房屋失火是極少出現的，所以這筆保費也並不昂貴。價值 50 萬元的房子的保費只有 1,500 ～ 2,500 元。但汽車肇事卻很常見，所以汽車保險的費用要貴得多，如果你開車經驗超過 25 年，並有很好的駕駛記錄，那麼價值 750,000 元的汽車，每年保費大概是 4,000 元。如果你是個年輕人，那麼保費還要貴，因為年輕人肇事的次數要比成年人多得多。因此許多國家都要求司機必須辦理汽車險，因為交通事故出現的是如此頻繁。

　　這裡有一個概念叫「金融穩定」。理解這個概念對離開家獨立生活的你來說，是十分重要的。假設你僱用一名職業金融分析員到你家裡來幫助

你檢查一下你的財力狀況。這個人所說的話主要取決於你的現狀，但一般你都會聽到下列內容：

> 你需要制定一個明確的理財目標並朝著這個方向努力。

> 你要賺多於目前消費支出的錢，不僅僅是在某個月而是全年。

> 你該建立一個很好的信用紀錄。

> 你最好不要在信用卡上負債。

> 你該建立一個三個月到半年的「安全網」——以避免你在預料不到的金融風暴中陷入困境。

> 你該為退休而存錢，你要及早開始這種儲蓄。

> 如果還有人（配偶、孩子）依賴於你的收入生活，那麼你該辦一個人壽保險。

這些是保證你金融穩定的最基本要素。如果你想控制你的財力，那麼你就要由此開始。大多數人在開始時並不具備這些要素。

這些要素都是十分重要的，沒有它們，你就會陷入金融混亂之中。對於錢財你缺少控制，甚至不知道這些錢花在了哪裡。如果有什麼地方出錯的話，你都沒有迴旋的餘地。因此接下來我們至少應該好好思考我們的金融目標。

金融目標會給你指引方向。與漫無目的花錢相比，你可以把這筆錢存下來實現你的奮鬥目標。在下面名為「開始」的部分裡，將與你討論設立金融目標的優勢和怎樣設立。

控制收入與支出

對自己的財務進行很好的控制，以避免入不敷出是很重要的。每年的消費開支必須控制在收入範圍內，但不必月月如此。意想不到的帳單像醫

療險、財產稅等每年只出現一兩次，但如果你忘記對此加以計畫，它也會給你的預算造成一定的衝擊。

重視自己的信用紀錄

作為青少年，你處在一個很有利的位置上來建立自己的信用紀錄。它對你的銀行帳戶、貸款、信用卡的支付和平衡收支起著重要的影響。被銀行順利接收，如期償還貸款和正確使用信用卡和活期存款，這些在你的信用紀錄中，都占有重要的地位。

信用紀錄之所以重要是因為它決定著你的借款抵押能否被接受。作為青少年你可以開活期存款帳戶，從獲得信用和償還小型貸款等開始建立你的信用紀錄。你要及早為自己建立良好的聲譽，以便你在需要的時候能夠得到大筆的貸款。

信用卡負債

在獲得信用卡的基礎上，要想打破收支平衡是件很容易的事。但問題在於信用卡負債既是一種浪費又是不必要的。你要知道其中重要的一點是：信用卡負債的利息是非常高的。如果你欠卡費 10,000 元，那麼你每月僅支付利息就要 150 元（一年 1,800 元）。這是很大一筆錢。1,800 元已能夠讓你實現某些金融目標。所以你需要制定清晰的財務計畫，來減輕你在信用卡上的負債，從而使自己停止進行「無目的的消費」。正是這種「無目的的消費」使得你無法購買自己真正需要的東西。

建立信用紀錄

你可以透過申請和償還大額貸款來累積建立自己的信用紀錄，與此同時你也與銀行的信貸部建立了良好的個人關係。你可以從在銀行內開設存款帳戶做起。例如，你在銀行內存入 2,500 元。然後你到信貸部說：「我想建立個信用紀錄，我能否設定一筆 2,500 元的貸款，用我的活期存款做

為擔保？」這家銀行沒有理由拒絕你，因為這筆貸款獲得了保證。提出這筆錢，在四到六個月之後，你將它還給銀行。在此之後，你可以申請金額更大的貸款。你要不斷的朝著這個方向努力，直到銀行能夠完全信任你，向你提供無抵押貸款。如果你能夠在兩到三家銀行都做到這一步，那麼你就會有一個相當優秀的信用紀錄和充足的資金來源。

建立個人安全網

專家建議你用三到六個月的薪水去建立一個安全網。正像上文所提到的，鮑伯每月拿回家 12,700 元，因此他可以用 30,000 ～ 55,000 元建立一個安全網，開一個外匯存款帳戶，以留做應急之用，像失業等。

投資人壽保險

作為年輕人，你可能不需要人壽保險，但在以後的生活中你會用得著。

控制財務的兩種方法

俗話說：「萬事起頭難。」大多數人在高中和大學期間，甚至到大學畢業之後，其財務狀況都是很神祕和令人擔心的。他們從未有過足夠的錢。控制財務能令你看清楚自己的錢都花在了什麼地方。

控制財務一開始的方法就是去激勵自己做某些事情。如果你覺得自己在控制財務方面有一定收穫，那麼很可能你會更願意做這件事。不同的人有不同的激勵方法。以下兩個方法可能會對你激勵自己有所幫助：

方法 1：成為百萬富翁

許多人都認為這是難以置信的，但要成為百萬富翁並不很難。當然想要一夜暴富是困難重重的。可對於每個 25 歲的人來說，經過一段時間的努力奮鬥，都能實現這個目標。

如果你從 15 歲開始，每週在銀行存入 100 元，假設銀行的利息是 12%，就會賺到 12% 的利息。100 元並不是很多的錢。如果你抽菸，這就是你每週買菸的錢。如果你每天在外面吃午餐，那麼你花在午餐上的錢遠不止這些。100 元可能只夠你吃三天。

如果每週存 100 元，賺 12% 的利息，那麼以 15 歲開始，到 55 歲你就會成為一名百萬富翁。你也可以考慮另外一種方法。假設你現在是 15 歲或 20 歲。在你出生那天，你父母為你開了一個帳戶，每週存 100 元，也會有 12% 的利息。他們每個星期都會這樣做，直到去世。那麼到你 20 歲時，他們就能夠給你一張 40 萬元的支票。也許這會令你難以置信，但卻是事實。所謂「積少成多、積沙成塔」就是這個道理。

對此，你可能會有三個問題：

你是在開玩笑嗎？這就是我全部要做的嗎？

為什麼在我五歲時，沒有人告訴過我這些？

當我出生時我的父母為什麼沒有這樣？不然我現在就有 40 萬元了！

也許你的父母在你出生之時已經這麼做了。如果真是這樣，那麼他們就是計畫用這筆錢，來支付你上學所需的費用。

方法 2：得到你真正想要的東西

假設成為百萬富翁的想法，在 40 年內對你並沒有什麼興趣。你現在很想得到某些東西，讓我們針對你的經濟狀況來換一種方式進行思考。

電視是一種很有趣的家用電器，它所使用的技術很簡單，而且似乎也沒有什麼危害：它向你傳遞移動的圖片。那麼電視還有什麼問題呢？最令人不可思議的事情是電視所傳送的漂亮的影像會改變你思考的方式，它們能夠引起你的欲望。像高露潔產品、麥當勞的漢堡，沒有電視引起視覺的影響，它們會被售出了嗎？不會。與此同時，電視還鼓勵你馬上去滿足所

有的欲望。這就是為什麼兩週後，老闆們就會買一個新牌子的汽車。商業效應使你相信自己需要另一輛汽車。

假設存在著一個沒有電視的世界。在空虛的世界裡，一個想得到某些東西的人會說：「為了得到我想要的東西，我先要存到足夠的錢，然後去購買它。」這樣做對嗎？不，在有些情形下這樣做不行。例如，你想買一幢房子，要存到足夠的錢得 30 年，它值得你這樣做嗎？不，為了買一輛車，你值得花五年的時間來存錢嗎？這並不是必需的。

假設在你的一生中，對於所有的欲望你都遵循「先存錢，後購買」的原則。這會怎麼樣呢？首先，你要知道你的欲望可能會突然間發生某種戲劇性的變化。第二你要找到一條長時間存錢的途徑，並且始終保持這種欲望不變。

這會使你的思想產生簡單但很重要的變化 —— 先存錢，後購買的原則 —— 會引出「控制財務」和「累積財富」這兩個概念。如果你能夠發生這種變化，那麼它會促使你去修正自己的思想，令你在短期內對股票、債券、證券、存款等產生強烈的興趣。

為了在「先存錢，後購買」的原則下組織你的生活，你不得不對「金融優先權」做出決定。首先你要做的就是思考一下那些你想在未來擁有的東西，然後將它們組織起來。因此，希望你花 15 分鐘就這些「有朝一日想得到的東西」編製一個表。你只要拿出一張紙，然後盡可能動手寫下這些東西。在開始時可能要花費一點時間。如果你發現自己無法從一張空白的紙開始，那麼下面幾點可能會對你有所幫助：

▸ 你想擁有或需要一輛汽車嗎？

▸ 你想開始自己的事業嗎？

▸ 想要一些傢俱嗎？

▸ 一臺電腦？

- ▸ 一個全新的衣櫥？

- ▸ 上大學？

- ▸ 到巴黎去旅遊？

- ▸ 想為你的女朋友買一個訂婚戒指？

從那些你想在某一天擁有的事物開始，盡量把它們全部寫在紙上。對於大多數的人來說，如果你對此認真地思考過，那麼最終你會列一個很長的單子。如果你已經結婚，可以與你的伴侶一起製作這個表。

現在你已經做出了這個表，再花五分鐘寫下每樣東西的價格。如果你想不起精確的價格，可以寫一個近似的數字，如果你連近似的也想不起來，就先預估一個價格，再根據它仔細看一下這個表，然後找出你真正想得到的東西。它會幫你解決許多問題，會帶給你或你的朋友巨大的快樂。當你一想到它時，臉上就會露出歡快的笑容。在它的旁邊畫一個星號，然後你要把全部精力都集中在上面。

現在，在你面前有一個重要的事實：你能夠擁有它。儘管你要為此付出一定的努力，但如果你能控制好自己的財力，就一定會得到它。

讓我們再回到前文鮑伯的案例中。假設他做了這樣一個表，並標出了所有的價格，他花了半個小時的時間，對表中所列出的一切，進行了認真的思考，並找出了他真正想得到的東西 —— 一張駕照。鮑伯很想學習駕駛，但他無法解釋出這究竟是為了什麼原因。他只是想得到駕照，在 13 歲時他就已懷有這個夢想。他訪問了當地的汽車駕訓學校，得知獲得一張駕照需要 15,000 元。因此，鮑伯所需要的就是 15,000 元。他現在的問題是：「這真是太棒了。我知道了什麼是我真正想要的。我是如此急切的想得到它。我可以對此進行嘗試，但是我到哪裡才能拿到 15,000 元？」

「我到哪裡才能拿到 15,000 元？」這是所有想控制自己財力的人，所

面臨的中心問題。這個問題會使你從無目的的消費轉變到有節制的消費。它可以促使你去找一份工作。而且，它會推動你去找一份理想的工作，以便你能儘快賺到這筆錢。製作這個欲望清單和找出你真正要擁有的東西的原因很簡單：如果你真的想擁有它，那麼你就要為它付出一些額外的努力，甚至要忍受痛苦。而且，為了存錢你還要控制自己其他的開銷。

你可以把你真正想要的東西，看作是你一生中最重要的目標。如果你肯下定決心，努力去做，那麼你一定會驚異於自己，竟能如此之快的實現這個目標。

金錢是好的僕人，卻不是好的主人。

法則 20　理財的祕密

以簡單的行為愉悅他人的心靈，勝過千人低頭禱告。

如果你剛剛涉足「金融管理」和「投資」領域，那麼一個最困難的決定就是對「我該用錢進行哪種投資？」做出回答。這個問題之所以難以回答，是因為在你面前有很多種選擇，而每種選擇又都是變動的。如果你能夠了解選擇的價值所在，你就會做出精明的決定。

投資選擇

假設現在你手中有 5,000 元。你想用這筆錢進行有較高回報率的為期 10 年的投資。這 5,000 元也許是你的爺爺、奶奶在你大學畢業時送你的禮物，他們希望這筆錢對你買房能有所幫助。下面有一些投資選擇 —— 當然並不是所有的選擇都在上面，但較為常用的已經都列了出來。

▸ 活期存款

> 儲蓄存摺

> 外匯帳戶

> 證券存款

　　某些公司的股票（大型的公司，或者是人們了解不多的新成立的小型公司或介於兩者之間的公司），這裡有多種選擇。如果你是剛剛開始，那麼這幾種選擇可能會令你感到迷惑。下面我們來對它們進行詳細的介紹。

活期存款

　　如果其他的選擇都吸引不了你的興趣，那麼你也應該對活期存款有個理性的認識。你可以把 5,000 元存入銀行，10 年後再取出來。你知道這樣做的有利之處和不利之處。有利的是錢可以很容易的取出放入。換言之也就是具有很好的流動性。你可以不斷地用支票來取錢。在各種情形下，活期存款的流動性是很重要的。例如，當你付帳時會想到這種流動性。然而，不利的一面是這種流動性使得你在大多數活期存款上幾乎存不到什麼錢。事實上，由於各種手續費用你還會流失一部分錢。因此，活期存款並不是你最佳的投資選擇。

儲蓄存摺

　　一個儲蓄存摺與活期存款一樣具有優秀的流動性，其缺點也是回報率低。目前儲蓄存摺的平均利率是 2.77%。因此你的 5,000 元每年會賺 135 元。但現在的通貨膨脹率是 3.3%，所以實際上你會損失錢，就 3.3% 的通膨率來說你得花 5,165 元才能買到價值 5,000 元的東西。現在你已知道為什麼你的帳戶裡每年增加 135 元還是損失的原因。另外，你還要對這 135 元付稅，所以實際上你只能得到 125 元左右。

　　一個儲蓄存摺是你在短期內放錢的好去處。例如，你可以在儲蓄存摺內存錢來掩蓋你的「隱藏消費」。因為錢可以很容易的在儲蓄存摺和活期

存款之間互相轉移（低回報率總比沒有回報率要好）。但它也不是你想把錢放 10 年的好地方。

外匯帳戶

外匯帳戶的作用在大多數銀行裡與活期存款的作用差不多，但是回報率較高。而且，外匯帳戶沒有什麼限制，每年的款額也沒有最低／最高額之說。它的優缺點與活期存款相同。目前，外匯的帳戶的平均回報率是 4%。對於短期存錢者來說（三個月到一年）流動性是很重要的。它可能是最好的選擇。

證券存款

證券存款是一種銀行帳戶，你能在某一段固定時期內得到較高的回報率。你把錢存入銀行，然後得到一張「證明」，允許你在以後某個日期將錢取出來。你可以辦六個月的，一年的，五年期的證券存款。而且回報率會隨著時間的加長而增加。如果你由於某一原因，要把錢提前取出，那銀行在對你進行嚴格檢查之後，一般會就你部分或全部提取的錢給予懲罰性回報率。

證券存款有很多優點。首先，也是最重要的就是資金的絕對安全性，這筆錢不會遭到損失。但是，它也有兩個不利之處：第一，證券存款缺少流動性。所以它不利於那些短期存款者。第二，證券存款只是一種「保護行為」，一般而言你賺不到什麼錢。原因如下：假設目前的回報率是 5%，通膨率是 3.3%。因此其回報率只有 1.7%。而且你每年還要為證券存款賺得的錢付稅，稅率差不多也達到 1.7%。所以證券存款的實際回報率是 0。這是事實。如果你不願錢有任何損失，那麼證券存款是你的最佳選擇。但它不會令你的錢再生錢。

股票

股票表示的是對公司的擁有權。透過看下面的例子，我們能夠很容易的理解股票的功用和它意味著什麼。

假設你想自己做生意，決定開一家餐廳。你購買了一棟房子，所有的廚房用具、桌子、椅子，還雇了一名廚師，幾名服務生，等等。做過廣告之後你開始營業。假設你的房子和設備共花費 150 萬元，每年購買必需品和支付薪水要 50 萬元。第一年結束後，你的收入是 62.5 萬元，純利潤是 12.5 萬元。到了第二年年底，你的收入是 70 萬元，純利潤是 20 萬元。於是你決定把生意賣掉，它值多少錢呢？

一個說法是它「值」150 萬元。你賣掉房子和所有的設備，會拿到 150 萬元。房子可能會升值，但設備會貶值，因為它們已經被使用過。這兩者的平衡點是 150 萬元。這是「資產價值」。

但這是很興隆的生意，如果你繼續經營下去，那麼到今年年底你可能會有 20 萬元的純利潤。因此你可以把這項生意看作是一筆年利息達 20 萬元的投資。從這點上想，我願意為它投入 200 萬元。作為 200 萬元的投資每年有 20 萬元的回報，其回報率達到 10％。如果投入 250 萬元，回報率就是 8％。甚至我會認為餐廳的生意會越來越好，其回報率的增加速度要遠遠超過通膨率的增加速度。

如果我是老闆，我就會依此做出決定。如果有 10 個人分別對我說：「我很想買下你的生意，但遺憾的是我沒有 250 萬元。」那麼我會賣掉餐廳的股份。這就是說，我會把餐廳的所有權分成 10 份或 10 股，每股賣了 25 萬元，這樣每個人就會在年終分得十分之一的利潤，在做出商業決定時，也擁有十分之一的投票表決權。或者我可以分成 1,000 股，每股賣 2,500 元。然後其他每股賣 750 元。這樣的話，我會擁有大部分的股份和對餐廳的控制權。在我賣掉剩下的 1,000 股之後，可以把所得的 75 萬元存入銀行。

　　這就是股票。它表現的是對公司的資產和利潤的所有權。每股的紅利就是利潤，可以按季度或年度進行分配。對於投資者來說，衡量公司價值的一個方法是看公司的股票是否會增值。

　　股票可以在「證券交易所」內進行買賣。證券交易所就是一間大房子，人們在裡面進行股票交易的買賣。有了交易的場所，使得股票買賣變得很方便。如果不存在交易所，無論何時你想賣股票，那麼都不得不在報紙上登廣告、等電話、與人討價還價。在證券交易所裡，你可以不斷的買賣股票。

　　證券交易所有一個很有趣的影響。它會使股票在每一秒中出現一個固定的價格。因此股票價格的波動，取決於來自公司的消息、中期報告、國家的經濟新聞，等等。買方和賣方每天都對這些因素，進行思考和分析。公司資產的價值是股票波動的最低值。股票的價格還能夠反映出每股的紅利、公司未來的盈利能力，等等。

　　你會把錢投資到股票上嗎？可能不會，原因有兩個：

　　當你在證券交易所買賣股票時，要繳納一定金額的手續費。每次交易最低的是 1 元。1,000 元就要付 0.1425%，14.25 元的手續費。因此，交易成本較高。如果你知道某檔股票 10 年後會上漲 200%，那麼你可能願意支付 0.1425% 的手續費。

　　股票有風險。如果你投資的公司出了問題，那麼你可能會損失掉部分或全部的錢。透過向「績優股」 —— 長期的、已上了軌道的、經營良好的公司所發行的股票進行投資，你可以對風險做出預估。但是再好的公司也會有出錯的時候。IBM 公司在幾年前出了問題，其股價大幅下跌超過 50%，儘管後來又漲了上來，但如果你在最高點買入，在最低點賣掉，那麼你會損失許多錢。

　　股票有其他幾種投資方式所不如的優勢，特別當你購買了不只一家公

司的股票時更是這樣（購買多家公司的股票的集合稱作投資組合）。投資組合能夠分散你的風險，而且你只有在賣出股票時才會扣稅。如果你買了某檔股票，持有了 10 年，它上漲了 100% 後你賣出，那麼你只要對這種收益繳一次稅。收益就是你買賣股票之間的價格差額。你不必每年都繳稅。這與儲蓄存摺和證券存款完全不同。在那些帳戶中，你每年都要對所得的利息繳稅。股票的收益能使你延緩繳稅。

做出投資決策

現在讓我們再回到前文的問題中。你會把錢投到哪裡？這要取決於你承受風險的能力。如果你想令自己這十年的投資收益有所保證，如果一損失錢你就會失眠，那麼對你來說最佳選擇就是證券存款。或者挑選其他即穩妥又有一定收益率的投資。

如果你能夠承擔風險，那麼為了得到較高的回報，你可以考慮股票等投資方式。無論你進行何種投資，都要依據自己承受風險的能力而定。

財富是船，人是船夫，沒有船夫的船，一旦遇上風雨就會傾覆。

財有限，費用無窮，當量入為出。

勤儉讓生活更輕鬆

對於大多數成年人來說，節儉是生活中的一個重要事實。例如，在大特價時買東西或使用折價券都是節儉的方法。也許我們可以用一種更好，更時髦的方式來探討節儉，不妨將它稱之為「創造性節約」。節儉就是在你願意的情況下把錢省下來，而不是花掉。

為什麼你想節約用錢呢？正如在前面我們所探討的那樣，很多人開始變得節儉，是因為他們想得到其他一些東西，他們為自己樹立了一些在經

濟上優先考慮的重要目標，他們要在其他領域內省下這筆錢，以加快實現其目標的速度。這些目標既可以是買一套全新的臥室傢俱，也可以是為提早退休做好準備。在你讀完本章之後，你也許會注意到在你父母的生活中，他們運用了各種節儉的方法。他們之所以要這樣做是為了把錢花在更重要，更有意義的事情上，其中許多事情是為了你。

另外一些人開始變得節儉是因為他們意識到了富蘭克林的話是錯誤的：「省下的一分錢不等於賺來的一分錢。」事實上，在現今這個高稅收低利潤的社會中，省下一分錢便相當於賺到 1.4 分錢。下面就有一個例子，假設你想買某種價值 5,000 元的物品，如果你是利用週末打工賺來的錢去購買它，那麼實際上你等於用 7,000 元才買到它。這額外的 2,000 元，包括了國稅局，各種政府機構的稅收。如果你在其他方面節省些，則只需 5,000 元就夠了，因為這 5,000 元是免稅的。另外，你的週末時間也可省下做其他的事情。

我們可以在許多例子中看出省錢要比賺錢容易得多。例如，丈夫外出工作時，妻子在家照顧孩子，也許這還不如你也去工作更划算一些。但在某些情形下，妻子在工作上的花費已相當於一個家庭的全部收入。若是這樣，與其努力賺錢還不如多想想辦法省錢。自己做飯比買外面的要省錢。縮減開支，種植疏菜，你會發現省下來的錢和你工作賺來的錢差不多，而且在節省的過程中，你更享受了生活。

各種靈活的節儉方式

節儉可分為 5 種類型。透過閱讀下面的幾項，你不但可以找出自己究竟屬於哪種類型，而且還可以從其他的類型中學到很多東西。

▸ 毫不節儉：從未想過要省錢。

▸ 普通節儉：最常用的節儉方法。

> 審慎節儉：這種節儉需要運用特殊的知識或者進行詳細周密的調查，
> 但在生活中它可能沒有被廣泛應用。

> 積極的節儉：是指透過特殊的努力和創造力來進行節約。

> 過分節儉：通常發生在那些已經超出正常節儉範圍的人身上。

下列內容是就 4 種類型的節儉進行舉例說明：

毫不節儉型

一個從不節儉的人，就是那種在生活中對商品價格沒有概念的人。這種人隨心所欲的進行消費。在我國幾乎很少有人（除了年輕人）是嚴格意義上的毫不節儉型，可能半數人口都以這種方式生活。

普通節儉型

它所花費的努力很少，你只需對身邊的廣告資訊稍加注意就會發現很多省錢的機會，例如：

> 大特價：如果想買一條新錶帶，恰巧又看到一家百貨公司打八折出售你喜歡的錶帶，那麼你還有必要照原價去購買嗎？

> 折價券：目前的一些報紙雜誌上到處都是折價券。使用一張 1 塊錢的折價券也許沒有什麼意義，但是如果你有 10 張 1 元和 5 張 3 元的折價券，加上兩張 5 元的折價券，你就可以省下 35 元。每個星期都這樣做，一年加下來你就可以省下近 1,800 元。

> 在離峰時間打電話：眾所周知在夜間打長途電話的費用較低，打電話問問電信局，看看什麼時間內的收費標準會有所不同。

> 特殊信用卡：現在有許多信用卡會向你提供打折的機會，比如銀行與百貨公司發行的聯名卡，用這些聯名卡購物時，你通常可以獲得 10% 以上的優惠，甚至一些商店會為你免費提供來店禮，所以你應努力尋

找一種適合你的消費習慣的信用卡。

審慎節儉型

這種節儉需要你付出較大的努力，儘管你不得不為此改變原來的生活方式並長時間思考如何去獲得這些折扣，但是你所節省下來的金額也將會是很可觀的。

▸ 比價購物：當你想要去買一件重要的東西時（超過 250 元），多走幾個地方，看看哪個地方的價格最合理，這也就是我們常說的貨比三家的原則。很多百貨公司（特別是那種家用電器打折公司）都保證自己的價格是最低廉的，你可以透過「鷸蚌相爭，漁翁得利」的方法將價錢壓得更低。這種習慣在你受僱於一家公司時，還會受到老闆相當的青睞，因為你在盡力為公司著想。

▸ 機票打折：提前 30 天訂票，你就可以獲得很大的折扣，詳細情況可以向旅遊公司進行諮詢。

▸ 額外收穫：如果你肯好言相求，那麼有許多公司都會取消你的服務費或給你額外的獎勵。例如，如果你向一些信用卡公司提出請求，他們也許會取消你每年的年費。如果你打電話給電信業者並聲稱你要換到其他的公司去，那麼他們就會為使你留下來而向你提供一些優惠政策。

▸ 備足食物：當你需要的東西大特價時，不妨多買些儲備起來。例如，你有一隻狗，當牠最喜歡吃的食品大特價時，買滿一個月的（或更多），你知道最終自己會用到它。對任何你常用的東西都如法炮製。經常備足各種東西，早餐吃的穀類食品、面紙、飲料，等等。

▸ 自己做飯，避免在外面吃：在吃外面是很貴的，用在餐廳吃飯所花的四分之一金額，就可以自己做一頓飯。如果你想多節省些錢，不去餐

廳吃飯是你首要的選擇。

- ⟩ 種植菜園：如果你有時間，有一塊地並對此感興趣的話，那麼一塊菜園就可以為你省下不少錢。

- ⟩ 和朋友去鍛鍊：參加健身房的費用很高。有許多地方一年的費用要超過 15,000 元。與其花錢做運動，不如集合你的朋友們一起跑步或騎自行車。

積極節儉型

　　善用積極的節儉，這需要你以富有創造性的方式來節約用錢。你必須付出巨大的努力去運用這些技巧，但如果你能對花錢採取一種頑強的抵制態度的話，那麼這些技巧可以為你每年節省一大筆開銷。對於一方照顧家庭，另一方外出工作的夫妻來說這些技巧特別有效。

- ⟩ 自己動手：乍聽起來似乎有些過時。如果你有一臺熨斗，每次熨衣服可能會花費 5 元或更多。如果每星期熨 5 次，那麼一年就會耗費 750 元。你可以使用自己晒乾的辦法，這樣可以省下很多錢。

- ⟩ 在二手賣場購物：現在許多大城市都有二手賣場，這些商場以 5 折或 7.5 折銷售衣服和家庭用品。如果你不介意使用二手貨，那麼這就是一個很好的節儉方法。

- ⟩ 不買名牌產品或成品：名牌產品由於廣告費而使得價格較高，另外許多現成的食品由於其方便而使得價格昂費。如果你只想買些必備品，像麵、糖、鹽、米和肉類，而且自己加工的話，那麼潛在地你每年就會省下了上千元的開銷。

- ⟩ 把主意打在禮物上：如果你想得到某件東西，而你知道你的家人正為你準備節日或生日禮物，那麼你不妨打消買它的念頭。你可以要求你的父母把它作為節日或生日禮物送給你。

討價還價

在許多時候價格看上去似乎是固定的，但實際上你完全可以進行討價還價。這種現象特別存在於一些高單價商品上（汽車，房子等）。例如，如果你想做建築生意，那麼幾乎任何一家建築公司都會向你提供折扣，任何一家急需現金的公司都會降低它的報價，以使它的現金儘快獲得周轉。透過詢問你就可以得到折扣，這很簡單。首先你要問「我怎樣做才可能獲得折扣」時，常會遭到拒絕。但如果你習慣於向多家公司進行諮商的話，那麼你會吃驚的發現有許多公司很樂於向你提供折扣。

結論

在本篇中我們討論了一些經濟問題，並闡明了它們對於成年人的重要意義。如你所見，經濟生活既有趣又很複雜。作為青少年，你現在就要掌握這一切，在你涉足自己沒有準備的領域之前，它會令你了解自己所面臨的各種選擇和義務。閱讀完這部分的內容之後，你也許想出去走走並讀一些關於個人理財的書，這樣你就能為走入現實生活做好準備。

我們之所以富有並不是因為擁有什麼，而是因為能夠缺少什麼。

第七篇　生活千面

青春並不完全是人生的一段時日 —— 它是一種心情。它並不完全是玫瑰頰，紅唇，或柔膝。它是意志的氣質，想像的能力，感情的活力。它是生命泉源的新機。

青春是勇敢超越怯懦，冒險超越逸樂。這一點常見於五十歲的人較多於二十歲的人。

只活了若干歲月並不能算老。人們變老只是由於他們拋棄自己的理想。年歲只能使皮膚起皺紋，而拋棄熱情則使心靈起皺紋。煩惱、疑惑、喪失自信、恐懼、絕望 —— 這些才能使人彎腰屈背，使壯志轉入塵土。

無論七十歲或十七歲，人總有好奇心，對星星與類似星星的事物驚奇，向某些事大膽挑戰，以及對未來和歡樂人生的永不泯滅的童心。

你因信心而年輕，因疑惑而衰老；因自信而年輕，因恐懼而衰老；因希望而年輕，因絕望而衰老。

在內心深處，有一間記錄的密室，它接受美麗、希望、歡愉、勇氣，你就能永遠年輕；一旦你心靈上覆著悲觀譏誚的冰雪，只有那時，你真的老了。

—— 〔英〕尤姆

　　生活中還有許多方方面面，能夠引導你邁向成功。本篇將向你介紹生活中，另外一些重要的事情。

法則 21　　生命與健康的祕密

　　正確的成長道路是這樣，吸取你們前輩所做的一切，然後再往前走。

運動會讓你身心健康

　　體育運動在人類社會中，發揮著重要的作用。人類熱衷於體育運動可以追溯到巨大的羅馬競技場的建成。體育運動在生活中的各個方面，都能展現其中心作用。

　　對現在體育又是如何重要？只要看看我們生活的這個世界就知道了：

　　看看在世界各地有多少體育館和健身房。

　　看看有多少人觀看體育競賽聯合會，大學和高等學校的體育賽事。

　　看看廣告商們在體育賽事中投入多少廣告費。

　　看看有多少你所認識的人在觀看足球聯賽，在收視率最高的體育電視節目中，幾乎半數是在看足球甲級聯賽。

　　看看有多少人出席或觀看奧運。

　　看看體育明星是多麼的受歡迎。

　　一旦你把體育運動視為生命中的一部分。那麼你就無法再改變這個現實，許多事情都證明了這一點。為什麼運動員如此受人注目？為什麼女孩子們總是圍繞在運動員們身邊？為什麼高校中可以有設施落後的圖書館，可以沒有電腦，但卻不能沒有足球體育場？因為體育是生活中不可缺少的部分。

精通一門體育運動

如果你也像我一樣是一名又矮又瘦，且很懦弱的年輕人並厭惡體育和運動那該怎麼辦？我能夠感受到你的痛苦。過去我就是一個這樣的少年。我討厭體育課，我爬不上吊繩也做不了引體向上，甚至連打籃球都笨手笨腳的。我告訴你一個祕密，所有這些都是錯覺。我之所以不能做這些事是由於我認為自己做不到，絕對沒有其他的原因。讓我來告訴你，我是如何得知這一點的。在我 16 歲那年，媽媽給我買了一臺變速自行車作為生日禮物。我發現我很喜歡騎自行車。我說不出為什麼，只是喜歡。我看上去騎得很協調，感覺很好，這是一個消耗多餘能量和趕走憤怒的好辦法。於是我每天都要騎一下自行車。有一天，我騎了 10 哩，接下來的幾天裡騎到了 15 哩，我一直堅持下去，直到我逐漸在一天之內可以騎 100 多哩。這對我來說是一種莫大的鼓舞，一個既瘦小又懦弱的男孩，已經把自己塑造成一個在一天內可以騎 100 哩腳踏車的人。在我的學校中無人可以做到這一點。當然，也沒有人會對此很在意，可這並沒有關係。透過這次小小的成功，我意識到自己可以做到任何事。接著我嘗試做引體向上。一開始，我只能做 1 個。但我堅持每天做，兩星期後，我能做 2 個，最終我可以做 20 個。接下來我做伏地挺身。然後開始跑步。

在大學畢業時，我曾想要成為一名運動員。我熱愛運動，我曾問自己：「為什麼我無法在高中時代做到這一切？」我完全可以把那些嘲笑踢到一邊去。唯一阻礙我的原因是我深信自己做不到這些事情。那是缺乏自信所帶來的精神上的錯覺。這顯示自信是成功的關鍵因素。

如果你現在不具備運動員的條件，該怎麼辦？我建議你努力去試著成為一名準運動員。選擇一個你喜歡的運動項目。如果你喜歡獨處，則進行一種自己可以獨立完成的運動；如果你喜歡競爭，則選擇一項競技性強的運動項目；如果你喜歡大自然，就選擇戶外運動；如果你喜歡團體運動，

就去參加一個體育社團，有上百種運動項目可供你選擇。比如：

跑步、騎單車、保齡球、排球、籃球、冰上曲棍球、溜冰、網球、舉重、滑雪……

你要從現在開始堅持做下去。最初的一段時間裡你可能會覺得自己有些傻氣，你的體型可能會變得難看，你也許會失去每場比賽。不要在意這些事情，堅持下去，終有一天你會看到發生在自己身上的奇妙變化。你能夠做到任何你想做的事情。重點在於能夠長時間的堅持下去。如果你所嘗試的第一項運動真的沒有什麼結果，那麼不妨再選擇另外一項。

作為青少年其優勢在於，你有大量的空閒時間進行體育鍛鍊，你的學校為你提供了許多設備。在未來的日子裡，你可以把透過鍛鍊得來的技能，運用在任何一項運動上直到你的工作。這對於忙碌事業中的你來說，是一種快樂。除此之外，運動還能幫你減肥。下面是一個有趣的例子：如果你在青少年時期能夠堅持做某種運動，那麼到了 50 歲時，在這項運動上你仍能夠做得很好。你的身體在某種程度上具有記憶力。你年輕時學會的東西，一生都不會忘記。作為青少年，你可以很容易的選擇一項體育運動。

請記住下列幾點：

▸ 唯一能阻礙你擁有健康身體的，只有你自己。

▸ 缺乏鍛鍊，會令你看起來很不協調。如果你能夠長期的進行鍛鍊，那麼你的身體會逐漸變得靈活起來。當你做事時，它會讓你有靈活的反應和持久的耐力。

▸ 體育鍛鍊能使人受益匪淺。

▸ 體育鍛鍊能為你塑造健康的身體。

▸ 體育運動是建立自信心的良好途徑。

運動與性格的培養

你也許經常會聽到關於運動培養性格的事情。在我十幾歲時，我對此的疑問是：「那究竟意味著什麼？」下面讓我舉些例子來幫助你理解它。

> **運動培養紀律性**：長期從事體育運動 —— 當你不想去，甚至在天氣惡劣或當你更想去做其他事情時 —— 運動能夠鍛鍊你的紀律性。進行體育運動能使你具備成功所必需的自制力。儘管你對此不情願，但你仍然要堅持下去。這是生活中一項十分重要的技能。特別是在你工作後，你就能夠意識到這一點。

> **團體運動可以建立信任感**：當你在團隊中工作時，你要學會信任他人，他們也要學會信任你。而對於大多數的年輕人來說，很難在運動場外做到這一點。

> **運動會使你恪守承諾**：一旦決定要進行體育鍛鍊，你就要每天都堅持下去。例如：你加入了一個足球隊。如果你不想被掃地出隊的話，那麼你必須要保證自己的訓練。

> **運動能使你正確認識輸贏，並幫你建立起正確的人生態度**：當你進行體育運動時，要認識到輸與贏都是不可避免的。同樣，在你的一生中，當你進行種種嘗試的時候，總要經歷成功與失敗的淬鍊。因此，運動會為你正確的面對這一生活中的事實做好準備。運動還能夠教會你如何坦然的接受輸與贏。

> **運動能教會你如何忍受痛苦**：運動的另一個含義就是忍受痛苦，能夠理解痛苦，並在痛苦中取勝是一條重要的生活原則。唯一能夠理解痛苦和使你承受痛苦的途徑就是進行體育運動。

> **運動能使你具備團隊精神**：團體運動能使你掌握如何與隊友進行配合，以及如何在團隊中發揮自己的作用。具備這種精神能使你在商業

領域中身價倍增，因為每個企業都是一個團隊。而成功的事業背後，就是因為有一個成功的團隊。

讓我們再回到所有希望擁有健康身體的青少年所關心的問題上：為什麼女孩子都喜歡運動員？無法否定的一點是：運動員們比其他人更自信。人們都喜歡那些充滿自信的人。這是生活中的又一不爭的事實。

凡能為別人生命帶來陽光的人，自己的生命也必明亮開朗。

法則 22　人生的祕密

對別人表示關心和善意，比任何禮物都能產生更多的效果，比任何禮物對別人都有更多的實際利益。

人生的 30,000 公升水

人生是短暫的，然而年輕人卻難以理解這一簡單的事實。作為年輕人的你看到那些成功者會認為自己永遠不會成為那樣的人。當你看到自己的父母——那些三十幾歲或四十幾歲的人時，你無法想像自己也將會變得那麼老。

許多年少的人都認為自己會流芳百世。這種心理是年輕人的一個巨大優勢，它在我們身上會持續到二十幾歲，然後逐漸的消失。當你意識到這是不可能時，要明白我並不是在試圖使你相信自己有一天會成為 60 歲或 80 歲的老人，我只想幫助你理解為什麼你會對自己的人生有這種想法。

假設你站在一片沙漠裡，你身邊有一個巨大的蓄水罐，裡面有 3 萬公升的水，這個罐子有 40 公尺高，其直徑達到 11 或 12 公尺，裡面滿滿的都是水。這就是你要喝的水，每天你大約喝掉 1 公升。

有個人走到你身邊對你說：「嗨，能給我一公升水喝嗎？」「當然可以。」你回答說，事實上，如果有人向你要 100 公升的水，你也會給。因為你有了 3 萬公升的水呢。除了喝別無它用。你為什麼不能送給別人呢？如果你把水撒出來一些也沒關係。如果在你的一生中你每天都會喝掉大約一公升的水，那麼你會發現每天你似乎並沒有從罐子中拿出多少水，但一段時間之後水卻明顯的少了。甚至有一天你會發現罐子裡只有一半的水。接下來是四分之一，最後只剩一點點。這時，你才會意識到水對你來說，是多麼重要。因為現在你看到了水是如此的稀少，你能預見到水被用完後自己未來的前景。在不幸的那天，你喝掉了最後一滴水，並明白那天就是你的死期，儘管現在你還站在沙漠裡，但到晚上你就會死掉。

最愚蠢的行為

縮短生命的最佳方法就是抽菸，如果你從少年時期就開始抽菸，那麼你可能會扔掉 10,000 公升「生命的水」。所以抽菸又被人們普遍認為是最愚蠢的行為。

問問成年人對此有何看法，無論是抽菸還是不抽菸的人。如果你問一個不抽菸者，那麼他會告訴你抽菸是一個很不好的習慣。如果你問一個抽菸的人，他也會這樣說，並會表示很後悔，希望自己從未開始過。你可以試試到辦公大樓裡去，那裡有許多上了年紀的抽菸者，他們想抽菸時都必須走到外面去。問問他們對抽菸有何感想，你會從中學到很多東西。

假設有一天我在學校裡碰見你，我們進行了下面的談話：

我：嗨，你最近怎麼樣？

你：不錯。

我：有一樣新的東西我想你可以試試。

你：是什麼？

我：嗯，是一種新藥丸，我想你會喜歡的。

你：這種藥丸是做什麼用的？

我：這是一種致癌物質，服用這種藥丸很可能會令你得肺癌，它會使你的健康出現問題，會令你的呼吸、頭髮和衣服都發出惡臭的氣味，會損壞你的記憶力。你每天要吃 40 次這種藥。順便說一下，這種藥是一種添加劑，一旦你開始服用就無法停止。為了買這種藥丸你每天會花掉 10～20 元，這還要視你購買的地點而定。

你：我要買這種東西？你在開玩笑？這種藥真令人噁心！我為什麼要吃這種東西？

我：它會令你看起來很酷。

你：為什麼你要說這些？閉嘴！什麼地方會買到這種東西？

避免抽菸，還有另外兩個原因：

抽菸者平均開始於 15 歲，死於 60 歲，而且如果抽菸者一天吸兩包菸，那麼他會抽掉 657,000 根菸，留下令人作嘔的 657,000 根菸蒂。

假設每根菸二毛五元，那麼在你的一生中，你花在香菸上的錢將達到 164,250 元。如果一根菸五毛錢，那麼你總共的花費會超過 328,500 元。你完全可以用另外一種更好的方式來花掉這筆錢。

除此之外，抽菸會嚴重的縮短你的生命。儘管你目前可能對此毫不在意，但在將來你會意識到這點。這是生活中的現實。

最浪費生命的產品

你在成功者身上會看到一件事，就是他們花在電視上的時間，要遠遠小於非成功者。成功者認為：「生命是短暫的！有誰會把時間浪費在電視上？」這其中有三個問題：

1. 電視輸送資訊的速度，要遠遠低於報紙，如果你想學到某些東西，閱讀總是最快的。如果你想知道世界上發生了什麼事，那麼就去看報紙，報紙上的內容，要比電視新聞詳盡得多，而且你完全能夠掌握住自己閱讀的東西。每個人每天花在電視上的平均時間是兩小時，青少年花的時間更長。如果你從今天起能夠停止看電視，並更有效的利用這段時間，那麼在你的一生中，一定會有更多的成功的機會。

2. 許多電視節目都是人類思想上的垃圾，毫無價值可言。儘管它們沒什麼危害，但純粹是對時間的一種浪費，或者說它們乾脆就是有害的。當電視不斷的向人們注入負面的思想時，其危害是顯而易見的。例如，一個孩子到他國小畢業時，已在電視上看了 8,000 件謀殺案。一個青少年到 18 歲時，已在電視上看了 20 萬件暴力事件。大多數人在正常的生活中，幾乎見不到謀殺事件，看到的暴力事件也為數不多。但電視使暴力變得似乎是正常的和可以接受的。這有什麼價值嗎？

3. 電視所產生的商業效應會驅使你去購買那些在看不到電視時，你既不想要也不想買的東西。這完全是一種浪費。

請看下面有趣的引文：

當電視臺開始播放節目時，你坐到電視機前，並待在那裡別動，你將會看到大量的垃圾─遊戲節目、暴力、觀眾參與的節目。關於那些特殊家庭的老套的喜劇……鮮血和憤怒……傷殘、暴力、虐待、謀殺……私家偵探，更多的暴力、卡通漫畫……還有無休止的商業的─叫喊、哄騙和犯罪。

這是美國 FCC 的主席牛頓·N·米諾（Newton Norman Minow）對其國家聯合會所說的一番話。有趣的是這番話說在 1961 年，從此以後，電視變得越來越糟。

每個人每天花在電視上的時間平均是 2 小時。這不是少量的時間，假設從你 10 歲算起到 80 歲的 70 年時間裡，你在看電視上就要花費 51,110 個小時，這幾乎是 6 年的時間。長久下來，你所浪費掉的是一筆巨大的財富。你完全可以把這段時間更有效的利用起來，像讀讀書，散散步，做一份兼職工作，學一種樂器，或一門藝術，和別人聊聊天，做運動，等等 —— 其他一些具有正面意義的事情。如果你從今天起能夠停止看電視，並很好的安排這段時間，那麼在你的一生中又將會爭取出更多的成功機會。

下面有一個實驗你可以試試。假設你生長在一個沒有電視的世界裡。當你的父母帶你去雜貨店時，你會想要果汁軟糖嗎？不會。當你走進玩具店時，你會想要芭比娃娃嗎？其他能活動的人形玩具或洋娃娃呢？也不會。事實上，你會覺得這些東西很愚蠢。電視上的商業廣告，促使你想得到那些你根本不需要的東西。

在一開始你可能很難做到完全停止看電視。你不了解沒有電視的生活會怎樣，但幾個月之後，你的頭腦會清靜下來，而且你會更喜歡這樣的生活。因為你找到了另一種更充實的生活。

最害人的感覺

世界上的毒品有很多種：海洛因、古柯鹼、安非他命等，沒有一個成功者會使用毒品。毒品在很長一段時間內會令你神志不清，更嚴重的是它剝奪了你成功的機會。

毒品能帶給你「飄飄欲仙」的快感。例如，海洛因能產生「衝動」的快

感，有人把它說成「好像在天堂中的感覺」。問題在於享受這種快感，你要付出巨大的代價。隨之而來的是意志消沉、沮喪。你絕不可能擺脫這種沮喪和絕望。你可能會忽略這一點，於是你迫使自己不惜代價的去獲得這種快感。不幸的是快樂的感受是短暫的，而消沉與絕望卻長時間糾纏著你。你從中得到了什麼？

毒品完全不同於性，它也不比性純潔、愛更好。如果你與你的配偶度過了美妙的一夜，那麼在此之後的長時間內你都會感覺很好。毒品卻與此恰恰相反。用毒品時你馬上會很衝動，然後很快的萎靡下來。你唯一能做的就是再服用毒品。這就是你為什麼會看到那些癮君子會長期不停的服用海洛因或安非他命的原因。對他們來說，放棄就意味著死亡。

如果那種快感伴隨著絕望和消沉，那麼你從中得到了什麼？事實上，你失去了一切。這種快感會令你上癮並使你越陷越深。

毒品對人們有百害而無一益，因此你要遠離那些向你講述毒品種種好處的人。

雖然世界充滿痛苦，但也充滿克服了痛苦後的喜悅。

人們喜歡被別人稱讚並樂於接受禮物

如果一個人向你走過來，對你大加讚揚並送給你一份精美的禮物，那麼你一定會感到很榮幸，而且對這個人充滿好感。例如，有一天你待在學校裡，老師走過來對你說：「上次的考試你答得很不錯，這讓我忍不住想過來告訴你，這給我的印象有多深刻。」聽到這番話，你一定會心花怒放，並覺得這位老師真不錯。由此，可想而知：人們都喜歡那些給予他們讚賞和送給他們禮物的人。

人們討厭受到懲罰、恐嚇和批評。你對一個總是不斷批評你、恐嚇你

和懲罰你的人會作何感想呢？你不會喜歡他，任何人都不會喜歡這樣的傢伙。畢竟遭人指責不是一件好受的事。批評要帶有建設性，而不能傷害人，最好與表揚結合起來。不斷的說一些傷人的話，只會讓人覺得不舒服並對此產生巨大的反感。

因此你應問問自己：「我是否總在批評別人？如果是，那麼我能否換個說法？有沒有什麼人一直在批評我？如果有，我能否改變這種狀況嗎？」

人們崇尚公平

當你到了三、四歲時就開始為「公平」動腦筋了。如果你有一個表兄弟或姐妹，那麼你們會經常為了公平問題而爭吵不休。有人拿到一塊餅乾，其他人也該得到一塊餅乾。這個問題，也已逐漸在成年人中反映出來。每個人都希望能夠受到他人公平地對待。

因此，你應問問自己：「我是否能公平地對待別人？」

人們喜歡遵紀守法的人

對於那些規章準則人們是這樣認為的：如果每個人都能夠按規定做事，那麼我們的社會就會美好的多。例如，人人都知道紅燈停車的交通規則，因此當我們看到有人闖紅燈時，就會因為他擾亂正常的交通秩序而不高興。同樣，如果有人排隊插隊，我們一定會對其行為大為不滿，甚至會出聲喝斥。從每名運動員、每個家庭成員到社會上的每個人都該做到遵紀守法。

在我們自己遵守各項規章制度時，常希望別人也能夠這樣做。因為只有這樣，那些法則才會是平等和有效的。

人們討厭被告知不能做某些事情

回憶一下亞當、夏娃和蘋果樹的故事，我們能夠從中看出人們討厭被告知不能做某些事情。事實證明，告訴人們不要去做某事，實際上就是在促使他們去做這件事。所以當上帝告訴亞當和夏娃，不要吃樹上的蘋果時，就已注定了他們偷吃的命運。這是人的一種本性，也許，你已在自己身上看到了這一點：當有人告訴你不要去做什麼時，你一定更想去做。人的這種本性相當強烈，常在不知不覺中就爆發出來。這就是通常所說的叛逆心理，它對人們的日常行為具有很大的影響作用。透過了解這種心理也使我們對人性有了更多的認識。

因此，你該知道不要告訴別人不要做某些事情，而是要指出問題，請求合作。這種方法一直都是很有效的。

當你很想嘗試去做一件事時要先問問自己：「我是否因為有人告訴我不要做這件事才更急於去做的呢？」

人們不喜歡受人擺布，不喜歡受到諸多的挑剔

正如人們不願被告知不要去做某事一樣，人們也不願受到別人的擺布。每個人對各種諸多的挑剔，都會感到厭煩。因此，所謂的最後通牒也常常擺脫不了遭到拒絕的命運。

作為青少年，你對此可能會有更深的感受。你可能經常收到別人的最後通牒。這也是你渴望成年的原因之一，你相信這種狀況會隨之結束。對你來說，應付各種命令的最好方法，就是像一個成年人那樣，與你的父母和老師進行交流，並且在一開始你就要表示出他們不能再把你當作孩子來對待。

人們喜歡有所選擇

人們喜歡有所選擇的做事。所以餐廳裡才會有菜單，超市裡有上萬種不同的商品，同一牌子的車有 25 種不同的顏色，旅行包有 2,000 多種款式，就連上大學也有好多種選擇。有所選擇是民主的基礎。

如果我告訴你必須去做什麼或禁止你做什麼，你一定會產生強烈的反感，因為你沒有了選擇的自由。這是人類與生俱來的「選擇」本性的表現。

下面是一個有趣的心理測試，可以對人的這種本性做出進一步的解釋。假設你把 100 人關在一間屋子裡，讓他們每人完成一份多選題的考卷，當他們拿起考卷時，會聽到一種刺耳的聲音。他們要在這種聲音的干擾下答完考卷。然後你算出他們的平均分。

你再挑選 100 人，讓他們答同樣的考卷。與上組人不同的是，你在房間安裝了一個按鈕，並告訴他們：你們在答題時會聽到刺耳的聲音。我只是想實驗一下你們在受到噪音的干擾時成績會怎樣。如果你覺得無法忍受，可以按下按鈕，噪音便會停止，按鈕者不會受到任何懲罰。」實驗結果顯示，第二組的分數要遠遠高於第一組。即使他們根本沒有按下按鈕。同一份考卷，同一種噪音，唯一不同的是第二組成員多了一個選擇。即使他們放棄這種選擇，由此可見，人類「選擇」本性的影響力有多大。

因此在日常生活中，你要「請求」別人去做某事而不是「要求」。人們對它們會產生不同的反應。無論何時，當你要求別人去做某些事情時，他們都會產生與之互相牴觸的情緒。因為你忽視了人類本性的作用。

人們各不相同

觀察一下周圍的人，你會注意到：

有的人整潔，有的人髒亂。

有的人謹小慎微，有的人粗枝大葉。

有的人喜愛藝術，有的人專注於某種技能。

有的人悲觀消沉，有的人樂觀向上。

有的人善於駕馭詞彙，有的人對數字有敏銳的感覺。

有的人注重理智，有的人依賴情感。

有的人自信，有的人自卑。

有的人內向，有的人外向。

有的人喜歡優雅別致的餐廳，有的人喜歡簡單便捷的速食店。

有的人雷厲風行，有的人慵懶成性。

有的人脾氣暴躁，有的人性格溫和。

總之，人與人之間是各不相同、互有分別的。如果僅僅因為你自己是個整潔、細心、熱愛藝術、害羞且性情溫和的人，就認為所有人都是這樣，那你就大錯特錯了。你要明白這一點，當你面對這個事實時，你首先要問自己：「我能接受所有人都是不同的這一事實嗎？」

人們難以接受突然的變故

當人們對某一事物習慣和適應了之後，就希望它能一直保持原狀。一般而言，人們是不願接受突發變故的。例如，如果有一天你的母親告訴你，你們家將搬往另一座城市，那麼你也許會感到很不適應。

減輕突變帶給你種種不適的方法，就是做到預先提醒。如果你能對將

要發生的變化做出預告，那麼這比突如其來的變故，更易於被人接受。人們對付突發變故的古老方法就是採取防禦措施，對變化加以阻止。

人們喜歡與快樂幸福的人走在一起

如果讓你選擇是和幸福快樂的人還是與憂鬱、悲傷的人待在一起，你一定會選擇幸福快樂的人。如果你希望人們能與你走在一起，那麼你就要保持快樂的心情。

人們對第一印象記憶深刻

一般而言，別人留給你的第一印象是最不容易忘掉的。假設你遇到一個陌生人，他在你面前所做的第一件事就是喝斥一隻狗，甚至還用腳踢那隻狗。可想而知他會留給你一個什麼樣的第一印象。這一幕可能會伴隨你一生，因為它是你接觸到與那個人有關的第一件事。你很難在看到他時不想起這件事。第一印象之所以重要，其原因也就在於此。

在生活中我們應牢記這一點，以確保自己給別人留下良好的第一印象。

人人都會犯錯

每個人都會不可避免的犯錯。這是生活中的現實。人們經常會出現判斷上的錯誤，遺漏的錯誤和記憶的錯誤……有時，直到很久以後你才會意識到這是自己犯了錯。

然而，幸運的是人類的一大優點，就是擁有慈愛的包容心，因此你所犯的錯誤一定會得到世人的諒解。

人們喜歡被人感激、受人讚賞

如果你為某個人做了什麼事情，也許是花兩天的時間為他籌備舞會，也許是精心給他準備了一份禮物，那麼當這個人對你的所作所為大加讚賞，並說了一些感謝的話時，你一定會感到無比地快樂。這就是在節日，你的父母要你把一些寫滿感激話語的卡片送給別人的原因。可能你還是一個 6 歲大的孩子，無法體會其中的道理，但你的父母卻深知那對於收到卡片的人來說，有多重要。

因此你要常常問自己：「我最後一次對別人表示感謝是在什麼時候？」

人們在團體中的表現不同於獨處時

人類是一種社會動物。其在獨自一人時，所發揮的影響力與在團體中發揮的影響力完全不同。這是生物普遍共有的特點。例如，當你把一隻螞蟻單獨放在空地上時，牠什麼也做不了。但如果你把牠和 30 隻螞蟻放在一起，那麼牠們就會一起合作挖地道。魚獨自游動與跟魚群一起動時不同。人類也是如此，你和一個人外出約會，他（她）的表現一定會與在學校裡的大相徑庭。

存在於社會中的動物，都希望能被團體所接納。因此，即使你所在的團體正做著你不喜歡的事情，但你還是會跟隨他們一起去做。

由此看來，當你處於團體中並決定要去做某些事情時，你先要問問自己：「如果只有我自己，我還會做這些事嗎？」

團體中生存的祕密未來是屬於相信自己夢想之類的人。你是人類團體中的一員，因此你必須拿出時間與他人交往。這是生活中的事實，所以好好的理解人性對我們來說，是十分重要的。如果你明白為什麼人們在生活中會有這樣、那樣的表現，那麼你就能融洽的與人相處，而不會格格不入，並且能夠順利地達成自己的目標。

結論

隨著時間的流逝，你會逐漸了解人性的特點並掌握人們處理各種問題的方法，與此同時你還會發現自己身上與眾不同的地方。當你對這一切有所了解之後，就會明白為什麼在某些環境下你會有這種反應，而別人會有與你完全不同甚至相反的反應。清楚地了解人性的特點是你能否獲得成功的重要因素，因為它賦予了你預知未來的能力。

知識是愛、是光、是另一種看世界的眼。

法則 23　孤獨的祕密

每個人應從小就看重自己，在別人肯定你之前，你先得肯定自己！當某些不幸的事情發生後，你可能會有獨自一人承受痛苦的感覺。這很自然。例如，當你的一個親密的朋友去世時或你得知自己沒有考上理想的大學時，你一定會認為自己是如此的不幸，被選中接受上天的懲罰。你會感到孤獨，甚至覺得全世界都背叛了你。

但事實上你並不孤獨。原因是：第一，你身邊有很多願意聽你傾訴痛苦的人，他們會盡其所能的幫助你。第二，你所遭遇的事情已經有成千上萬人經歷過了。透過找那些人談談或閱讀幾本與此有關的書籍，你會感受到新的力量，看到新的希望，既然很多人都已遇到過這類問題並以某種方法將其解決，那麼你也一定能夠找到自己的解決方法。每個人都曾遭遇過不幸，所以你並不孤獨。

拒絕與失敗

受到拒絕是生活中常有的事。因為你在向成功邁進的每一種嘗試中，都面臨著失敗的可能。作為年輕人，對下面的內容你可能並不陌生。

- ▶ 上大學或獲得獎學金的申請被拒絕，並通知你另尋出路。

- ▶ 工作申請被拒絕或如石沉大海般杳無音信，以及收到解僱通知。

- ▶ 你在約某個女孩外出時她拒絕了。

- ▶ 申請加入自己一心嚮往的某個團體，但被拒絕掉。

- ▶ 將藝術作品送去參加競賽或把文稿寄給出版商，但被他們退了回來。

- ▶ 受到別人的嘲笑。

- ▶ 你的同齡人說你愚蠢。

　　青少年經常要嘗試新的事物而遭到他人的拒絕。例如，如果你是一名高中生，那麼就面臨著申請上大學，申請獎學金和在暑假打工兼職的問題。但這三件事的被拒絕率卻是相當高的。

　　接受拒絕並不容易，因為任何拒絕帶有一定的傷害性，它們使你不知所措，令你覺得自己一文不值。當你為了一項計畫，奮鬥了數日之後得到的卻是拒絕和失敗時，這種感覺尤為痛苦。

　　然而，你要明白一點 —— 任何拒絕 —— 都不意味著世界末日的來臨。我還記得我 17 歲那年，被渴望進入的大學拒絕後的滋味。我真的很想進那間大學。我花了很大的功夫寫了一份申請書，用了整整一個週末的時間，參觀遊覽了整個校園（距我 1,000 公里），然後我又拜訪一些上了這間大學的校友。而且我考試的分數很高，推薦信也寫得相當好，但我最終還是被拒之門外。那個時候對我來說，真的像世界末日一樣。如今轉眼間幾年過去了，當我回憶這件事時，覺得它已完全不重要了。因為當你把這件事和生活中的其他不幸遭遇互相比較時就會明白，這根本算不了什麼。

　　經過三個月或一年的時間，許多痛苦都將被沖淡，繼而消失，但它們會留給你一樣重要的東西：堅強。從此你會更易於接受和理解拒絕。生活中拒絕會頻繁出現：演戲、寫作、推銷都不會倖免於此。一個職業打者，在

重要的棒球聯賽中，會多次都沒有擊球到本壘。如果你也是一名棒球選手，那麼你就必須學會去接受被拒絕入圍的殘酷現實。做為一名青少年，懂得如何處理拒絕會對你有很大的幫助，並能使你為承受在今後生活中即將遭受的種種拒絕做好準備。要知道，你身邊的每個人都嘗過被拒絕的滋味。

面臨危機

作為年輕人，你會遇到許多「毀掉你一生」的危機：

▸ 意外受傷。

▸ 威脅生活的疾病。

▸ 車禍及其他意外事故。

▸ 父母感情破裂或離婚。

▸ 與你的男朋友或女朋友出現隔閡。

當這些危機出現時，你會手足無措甚至有大難臨頭的感覺。而在你度過許多危機之後，你就會變得成熟很多。

我們每個人在一生中都會遇到許多挑戰。這些挑戰往往會超越我們的能力範圍，因此，你要尋找一個處理問題果斷、遇事冷靜的人與你共同接受挑戰。

當你面臨困境時，應該找一個能給你幫助的人談談。他（她）可能是你的父親或母親，一個你值得信賴的親戚、一位成年的朋友、一位知心好友或是學校裡的老師。總之你要理智地想想找到處理問題的方法。而透過與人交談，你會學到很多東西，並做出自己的選擇。你要明白，無論你處在什麼樣的境地中，人們都是愛你的，都不會棄你而去，你並不孤獨。

死亡

　　死亡是你在生活中必須面對的事實，它與愛情一樣是人生的重要組成成分之一。它為人生賦予了許多重要的意義。有關死亡的三個事實是你無法逃避的：

　　你終有一天要投入死亡的懷抱。

　　你生命中許多重要的人也難免一死。

　　任何你所深愛的人的死亡，都將帶給你極大的痛苦，這種痛苦會糾纏你多年。

　　我在青少年時期，曾經歷過許多與死亡有關的事情。大學畢業前我的爺爺、奶奶相繼去世。12 歲時，姨媽和表兄在一次車禍中喪生。我的父親，在我 15 歲時死於交通意外。

　　父親的死給我的打擊最大。這種痛苦折磨了我許多年。世上再沒有什麼比死更容易的，但它留給後人的傷痛，卻讓你永世難忘。死亡意味著聯絡、交談、擁抱和微笑的終結，它使你無法再與自己所愛的人相依相守。死亡所帶來的永久空白，就像是黑暗山谷中的陣陣空鳴，聲音杳杳相傳，卻無回應。你對此也無能為力。

　　我清楚地記得當父親去世時，曾有一種強烈的孤獨感侵襲著我。我怨恨老天爺為什麼偏偏將噩運降臨到我的頭上。然而，在痛苦的掙扎中，我逐漸領悟到：

　　第一，死亡是人人都要面對的現實。這個道理並不像看起來那樣簡單。了解死亡是任何人都無法逃避的痛苦。它會讓你看清自己所處的位置。一個 60 歲的老人對於他的朋友或所愛之人的死，也會有著切膚之痛。唯一不同的是他明白這是生活中，所必須經歷的痛苦之一。有過類似的經歷並知道時間會沖淡一切。而年少的人，在第一次承受如此巨大的悲

痛時，卻無法意識到痛苦終有一天會結束。在他們看來，痛苦似乎是永無止境的。

第二，每天都有成千上萬人死去，還有成千上萬人要承受死亡所帶來的痛苦。但沒有一個人是要獨自承受的——因為我們每個人都有過這樣的經歷。當一個人在痛苦中掙扎時，其他人除了靜靜的陪著他、擁抱他、安慰他之外也別無他法。

第三，也是最重要的一點，就是任何人都無法選擇逃避死亡。父親的死並不代表著什麼。它不是對我的懲罰，也不是說命運和父親拋棄了我。這其中沒有什麼特殊的意義。它只是簡單的發生了。人終有一死，這是事實。你注定要經受這種痛苦，然後在痛苦中重生，繼續走著自己的路。時間會撫平一切創傷。

當面對你很重要的人死去時，你會感到很難過，感到空虛，甚至會有難以置信的孤獨感。這很正常，但是痛苦不會永遠持續下去，你終將要超越它，一切都會好起來的，相信我。

自殺

在美國，舊金山的金門大橋備受自殺者的青睞。如果你有機會走上它就會明白其中的原因——只要你跨過一個欄杆，就能垂直落入幾百公尺的水中死去。

而一旦沿著橋加裝圍欄或屏障，企圖自殺的人，就可能會因遇到阻礙而退縮。為此曾有許多美國人就此爭執不下。人們討論了自殺者的選擇權。有人說架設屏障是個好主意，但在這麼美的橋上裝那種東西一定很難看。再說，如果有人真想自殺，他們一定會想盡辦法——沒人能阻止他們。另一些人就此反駁說：「如果能拖延自殺者 1 到 2 個小時，那麼這個人一定會打消自殺的念頭。」雖然自殺不是絕對的，但從多數自殺事件來

看確實正確。自殺的念頭通常是由某些令你對生活失去信心的事情引起的。如果你在幾個小時，一天或一週內不去想它，那麼你就不會再去想自殺。沒有什麼事糟糕到需要你用死來解決。

1996 年 12 月 22 日美國著名的安·蘭德（Ann Landers）專欄（Ask Ann Landers），刊登了一封寫給安的有關青少年自殺的信：

當我在雜誌上讀到一個 12 歲的男孩，在家裡後院上吊自殺的新聞時，我無法抑制住自己的淚水。

這個男孩是個肥胖兒童，他不願到學校上學是因為他常遭到同學們的嘲笑。當他感到再也無法忍受時，就在午夜時起床找了根繩子，走到後院，結束了自己的生命。

當警方宣布男孩死亡時，他的母親幾乎崩潰了，他的父親立即砍掉了那棵樹。

安，這真是場可怕的噩夢。那個孩子身高 141 公分，體重 80 公斤，他的父母曾帶他看過醫生和健康專家，希望能幫他建立自信心。

大多數家長都只是教孩子們要明辨是非，要禮貌待人或尊敬他人，卻忘了教他們要有一顆同情之心。我總是告訴我的孩子在做事前要多為別人想想。

安，我懇請您發表這封信。孩子們需要知道嘲笑他人是一件很殘忍的事情。一個美好的生命已經斷送於此 —— 我很難過。

很明顯那個男孩被同學們缺乏同情心的嘲笑逼上了絕路。但除此之外我們還要意識到，這個男孩選擇了並不是最有效的解決問題的方式，當你也處在類似的情況下要知道：

那群嘲笑他的同齡人，都是荒謬無知的。你所聽到的，都是那些在事物發展過程中沒有任何重要作用的人的想法。

他的自殺給父母及親人帶來了難以形容的打擊。

一旦選擇自殺，他就失去了為這個世界做貢獻的機會。例如，他可以建立一個引領人們減輕痛苦的協會，但現在，一切都已不可能了。

自殺是他所做出的選擇，但絕不是最佳的選擇。

如果你遇到類似的情況並想要自殺，那麼在你自殺之前，請先找個能令你信賴的成年人談談，聽聽他的意見。你之所以會有自殺的念頭是因為你鑽進了牛角尖，從而無法看清身邊的世界。如果你能與別人談談，就會找到更好的解決辦法。想想你做出的選擇，再試著換一個思考的角度，你將會發覺，自己所承受的痛苦根本算不了什麼。

孤獨時該做什麼？

當你遭受好朋友去世或身處異地所帶來的痛苦時，你可以試著做很多事：

- ⟩ **交談**：與值得你信賴的人交談，把你的感覺告訴他，請求他幫你尋找出路。

- ⟩ **寫作**：說和寫不同，它們分別受大腦中不同的部分支配。寫作只涉及到自己，它有治療的作用。它會幫助你重新體會所發生的事情。你可以試著把自己的感受寫出來。

- ⟩ **默念**：向上天默念，說出你內心的感受，請求意念上的幫助，還要感激這個世界所賜予你的一切。

- ⟩ **散步**：大腦受身體的保護，同時又與身體相互影響。散步可以有效的利用這種影響。強迫自己走一段路，然後再走回來，這樣會令你感覺好些。

- ⟩ **工作**：我還記得父親去世那天，對於家裡所有的人來說，那都是極度

悲傷的一天。我走進浴室，看到母親跪在地板上，一邊哭一邊擦洗著地板。現在每當我再次回憶起那一幕，仍忍不住要淚流滿面。母親除了做家事，她還能做什麼？你不能只是站在那，任憑悲傷將你吞噬。你總要做點什麼，這也是你要散步的原因。工作能夠分散你的注意力，減輕你的痛苦。每天工作 16 個小時，然後去睡覺。

▸ **思考**：仔細想想，你也許會更理智的看待問題。寫作與交談都表現出這一點。

▸ **哭泣**：哭並沒有什麼不好，它是發洩悲痛的一種方法。

▸ **等待**：當你遭受死亡和拒絕所帶來的痛苦時，讓你做到這一點，幾乎是不可能的。但如果你肯等待，痛苦會慢慢的消失。要有耐心。

▸ **幫助他人**：許多時候，幫助別人比其他方法，更易於撫平你的傷痛。在你幫助他人時，你的精力完全放在了別人身上。這樣，你往往會忘記自己的痛苦，透過幫助他人，你使自己獲得了重生。

加入一個新的社團或是別的什麼團體 —— 有時，加入新的團體會使你忘記以前的很多事情，你可以加入志工團體或某個團體。不斷的尋找能令你拋開過去的一切新事物。

人們總把自身問題歸咎於四周環境。能在這個世界開闢出一條道路的，是那些能追尋自己心中環境的人。就算他們找不到，他們也會設法創造心目中理想的環境。

法則 24　幸福的祕密

真實的世界，不是花房，不是溫床，更不是父母的羽翼。

物質不能帶來幸福

物質不能帶給人幸福，這是事實。但有時卻令人很費解，尤其是在不同文化體系的社會裡更是這樣。

「如果我有……我的生活一定會非常完美。」這是目前普遍存在的想法。你真的很想得到某些東西：一臺新電視機、一部新車、一雙很漂亮的鞋子，等等。於是你就買下它們。在一段時間內你會開心於擁有它們。但隨著時間的流逝，你會逐漸對它們感到厭倦或者這些東西舊到不能再用了。生活中這樣的例子不勝枚舉。例如，你的父母、爺爺、奶奶，在你成長的日子裡曾花過上千元為你買玩具：小卡車、芭比娃娃、遊戲機和電動車……最後它們不是壞了，就是無法再吸引你的興趣。它們只能給你帶來片刻的歡樂，之後就會變得一文不值。而你又會對其他的東西產生興趣。

這帶來一個問題：「如果物質所帶給人們的僅僅是片刻的幸福，那它意味著什麼？」它可能意味著每天我們不得不尋找些新東西來維持這片刻的幸福。這聽起來有些類似於吸食毒品。按照這一點思索下去，你會發現一連串的問題：

 ‣ 什麼是幸福？

 ‣ 幸福意味著什麼？

 ‣ 我想在這一生中做些什麼？

 ‣ 什麼是人生的意義？

非常深奧。

在物質幸福和精神幸福之間存在著巨大的差異。物質幸福是指擁有過著基本舒適的（或奢侈）生活所必需的一切物品。而精神幸福則注重於這些物品以外的其他事物（情感等）。一種普通的哲學觀是：

不管賺多少錢，你總是想要更多。因此如果你賺了 7.5 萬元，就會認為 25 萬元會令你快樂。而一旦你賺了 25 萬元就想要 50 萬元。幸福的標準會隨著貪念的擴張永無止境的更改下去。事實就是如此，無論年薪是 7.5 萬還是 5 千萬元，因為你總是希望賺得更多，你的要求會隨著收入的增加而越來越多。要知道，選擇不是很辛苦的 7.5 萬元年薪的工作，會令你更快樂一些，因為你有時間去做那些，自己真正想做的事情。

這段話是說我們應該挖掘物質以外的東西，從而理解人生新的意義。

衡量一個人是否富有的方式有很多種。一般來說，金錢是主要的標準。但衡量的標準並不是唯一的，例如：

- **朋友**：一個能夠主動與他人建立友誼，並帶給他人快樂的人，擁有比金錢更珍貴的財富 —— 朋友。

- **健康**：一個身體健康的人，有規律的飲食習慣，並經常會參加體能鍛鍊，以放鬆自己緊張的神經。人的健康比金錢更重要。

- **體力**：一個從事體力勞務並常跑步、游泳的人會擁有強健的身體。

- **家庭**：對於一個將時間和精力傾注在自己的妻子（丈夫）和孩子身上的人來說，家庭是他一生中最大的財富。

- **知識**：不斷讀書、學習的人會累積下豐富的知識財富。

- **技能**：經常從事實踐活動的人會練就一項非常優秀的技能。

- **性格**：工作努力、誠實可靠、品行端正的人，往往會贏得他人的信任。這是一筆巨大的財富。

這些財富與金錢相比，一個優點就是你不必為他們繳稅。例如：你可以隨心所欲的汲取知識，甚至開一個龐大的知識「帳戶」，而不必繳稅。沒人能夠盜取或凍結你的帳戶。知識是你唯一可以帶走的東西。

這些財富雖然與物質財富不同，但卻會以特有的方式給予你同樣的賞賜。不管電視廣告怎麼說，買東西也絕不會像你的好朋友、你的伴侶、聽話的孩子、用愛經營的家、奮鬥的目標和一份滿意的工作那樣，能給你的一生帶來無盡的快樂。也許現在你對此感到很難理解，但隨著時間的流逝，你終會發現這些財富有多重要。

感受工作的快樂

感受工作帶來的快樂，對於你的幸福和健康非常重要。你必須工作。至少你要賺到足夠的錢來養活自己。你大部分的時間都在「工作」。那麼你為什麼不找一份真正令自己快樂的工作？為什麼不找一份每天早上起床，一想到它就令你興奮不已的工作？幸福的意義也就在於此。

在你觀察世界和尋找什麼對你是最重要的時候，你要努力把所有自己喜歡的和真正令你感到快樂的事物牢記於心，看看你會從中發現些什麼。你將會驚訝於自己的發現。儘管錢很重要，你要依賴它而生存，但它絕不是你唯一的選擇，錢本身並不能給人們帶來永恆的快樂。人類並不只是為了麵包而生存。

「人類並不只是為了麵包而生存。」

—— 《聖經》

探尋生命的意義

　　當你思考錢的重要性和幸福的作用這類問題時，總會想到「什麼是生命的意義？」對於多數年輕人來說，這個問題很重要，但也常常令我們感到很困惑。類似的問題還有「我是誰？」這一切只有你自己能對此做出回答。

　　對「什麼是生命的意義？」這一問題，往往是有多少人就會有多少個答案。這些答案常是海闊天空，無所不包。但經過對這些答案進行仔細的研究（包括你的答案），你會從中領悟出許多道理。以下兩部分是對這一問題的幾種不同的思考方式。其內容未必詳盡，而我們也不是想宣導某種方式，只是把它們擺在你的面前。任由你做出選擇。

生命真的毫無意義嗎？

　　對於一隻兔子來說，什麼是生命的意義？兔子出生後，除了進食就是睡覺。她們到了成熟期就會交配，而後生育，不論是進食還是死亡，都是自然現象。這意味著死亡是永恆的，是生命的終結。因此，說兔子的生命毫無意義是有道理的。牠們生存的目的，就是為了繁衍後代。除此以外，再無任何意義。

　　「生命毫無意義」也是在經過理性思考後得出的結論。理論上講，人類死後既無靈魂也沒有來世。與兔子毫無分別。我們到死亡的時刻死去，生命從此終結。這一思維模式導致了以下幾種對人生的態度。

　　因為生命毫無意義，所以生活沒有重點。我將會沉溺於自憐和個人的痛苦之中。

　　因為生命毫無意義，所以我要盡可能的令自己成為惡人。——這是導致「青少年犯罪」和「職業犯罪」的原因。由於生命沒有意義，所以你會

透過謀殺、搶劫和惡意毀壞公物等手段，使人們盡可能的遭受痛苦。儘管還不清楚是如何將「我的生命沒有意義」和「因此其他人都該遭受痛苦」這兩種觀點連結在一起的，但人們還是這樣做了。

因為生命毫無意義，所以活著的時候，我要盡情享受生命 —— 換言之就是「也許明天我就會死去，所以我要更好的把握今天」。另一種正面的想法是「生命是一段漫長的旅途，要盡情享受其中的樂趣」。這是將生命視為片刻存在的一種狀態的想法。因此你最好現在就懂得去享受它。

儘管生命毫無意義，但我仍願在有生之年，能帶給他人更多的快樂 —— 這與導致「青少年犯罪」的想法正好相反。

生命的意義展現在人類社會中

雖然沒有什麼來世，但生命在快速發展的人類社會中，仍有著重要的意義。當你作為整個社會的一部分而不是一個個體並提出「作為整體的人類在向著什麼方向前進？」這一問題時，你就會看到生命意義之所在。

想一想：人類已從單純的動物進化為能進行獨立思考的高級生物，並初步掌握了航太、電腦和通訊等高科技技術。這一轉變的出現不是靠某個人，而是靠成千上萬人所做出的巨大努力。我們每個人在推動社會發展的道路上，都發揮了各自的作用。例如，有很多人為電話的產生、為電信網路的建立、為網際網路的發明和為在電話埠建立網路系統，以使網際網路成為可能付出了辛勤的汗水；還有很多人為使電話進入尋常百姓家，為電腦軟體和硬體的發明、推廣和使用做出了巨大的貢獻。而作為這些成果的受益者，你能夠輕而易舉地進入網路，獲得上億的重要資訊。

科學技術進步的速度是十分驚人的，面對這種情況你要思索一下，從現在起一百年內，你能在通訊、計算和運輸領域內做些什麼。有朝一日我們會登上其他的星球，會到另一個太陽系、銀河系中旅行，會堆砌巨石，

建造全新的行星，從理論上講，我們還可以設計另一個宇宙。當這一切成為現實時，人類會與現在完全不同，成為永恆不朽的生靈。到那時我們可能會以另一種全新的方式來看待宇宙。

真實的世界，是充滿生離死別的。如果不能從少年時代，學著認知生命，一朝遭遇變故，可能造成無法平復的傷害。

法則 25　父母的祕密

成長的過程是學習接受失敗的過程，利用倒下的時間喘氣，並思考再攻擊的方法！

他們在關心什麼？

讀過本書之後，你將會發現父母所做的許多事情，都是充滿意義的。儘管你現在仍不喜歡父母做事的方式，但事實上他們所做的一切，都是很有道理的。本法則將幫助你增加對父母的理解。

為什麼我的父母不允許我花 2,000 元購買一件很酷的衣服呢？

錢對於人們來說，是十分重要的，你的父母也不例外。他們每月的薪水有限，其開銷當然也要限制在那個範圍內。當你要求買衣服或其他物品時，他們必須為此放棄其他的東西。因此當你向他們提出買衣服的要求時，要考慮自己去找份工作賺錢。這樣你就會對事物的價值和個人的獨立有更深的認識。

為什麼我的父母對「經濟」、「銀行利率」和「股票市場」那麼關心？

你參加了一個聚會，許多成年人也在那裡。例如，一個婚禮。你周圍的成年人談起了你毫不關心的東西，像銀行升息、股票暴跌、稅收制度日趨完善或房價上漲，等等。這時，你會對自己說：

「這些人真蠢，無聊透了。」

「噢，我對他們所談的一無所知，為什麼他們會如此在乎這些事情？不過既然我也在賺錢，而且他們賺的有我的 10 倍多，那我不妨聽聽看，也許能從中學到點什麼。」

我清楚地記得自己在青少年時期，一直認為大人們都是愚蠢的。但是是什麼原因，令我如此的看不起那些賺錢有我 10 倍多的人？我想是前文中，所提到的青少年幻影模型在作怪（TIM）。我們應該學會漸漸理解並使用他們的語言。

如果你了解他們對薪資、銀行利息、房價感興趣的原因就會明白：

成年人之所以會對工作和金錢感興趣是由於沒有這些，他們和自己的孩子就會無家可歸。

成年人對銀行利息感興趣是因為每年他們要從賺來的錢當中節省下來一部分，如果有一部分存入銀行，那麼這部分錢，就會隨著利息的升降而增加或減少。無論何時，有人從你那裡拿走十萬元你總是不情願的。

由於政策的制定是控制在政府手中，而且我們生活在一個民主的國家裡，所以人們才會對政治感興趣。

你的父母終有退休的一天，這是不可避免的。他們積極存錢就是在為退休做準備。他們可能會把退休金連同部分儲蓄投資在股票市場裡。從幾千到幾百萬不等。他們投入的數目是如此之大，以至於不得不經常關注股票行情。

仔細觀察生活中的你自己，你會發現一件很有趣的事情：

如果你正透過電視觀看奧運比賽，當你看到運動員出現失誤時，你會想：「真無法相信他會做得這麼糟！」

如果你正在看一部電影，而主角是你從來沒有特別留意過的女演員，這時你一定會想：「真無法相信是她主演這部電影，她對演戲根本一無所知。」

當你看到查爾斯·施瓦布（Charles Schwab）、比爾蓋茲或李·艾科卡（Lee Iacocca），都是百萬、億萬富翁時，你會想：「真無法相信這些人能賺這麼多錢，他們根本就是傻瓜！」

其實我所舉的這些人都是成功者。運動員要經過多年的刻苦訓練，才能夠參加奧運。電影演員經過多次配戲、磨練演技，才達到片酬幾百萬的程度。商人經過不斷的思索和鼓勵，促使成千上萬的人購買他們的產品，才會實現自己的夢想。與他們相比，你的輕蔑和缺乏尊重又從何而來？當你感覺自己帶著輕蔑的目光來看待你的父母和其他成年人時，不妨想想這部分內容。

你父母的另一部分財產，50萬元或更多，則與他們所住的房子息息相關。這正是他們對房價、土地價格和土地新建築等關注的原因。

隨著年齡的增加你將會發現，成年人談論的東西是很有價值、很重要的。你最初對此的感覺是毫無意義的。對你來說成年人的語言好像是外國話，但如果你也能試著使用他們的語言，那麼你就能了解成年人世界裡的一切。你就會獲得更多的社會經驗。這一點正是許多成年人所感嘆的：「如果那時我能明白這個道理，那麼我就會學到很多有價值的東西。」

為什麼我的父母總要我打掃自己的房間？

過去我曾是一個很邋遢的少年，母親幾乎為此發瘋。那時我根本不明白其中的原因。但現在我懂了，讓我解釋給你聽。

你的父母細心照料著他們的房子，因為為了購買這座房子，他們幾乎是傾囊而出。擁有一間自己滿意的房子，這幾乎是你父母一生的夢想。他們先要為此支付數萬元的頭期款，然後每月還要拿出一筆錢支付貸款。最後是裝修布置、買傢俱和其他用品。他們如此珍視這棟房子，這對他們來說是一筆巨大的財富，失去它，所有人都將無家可歸。

現在請你跟我走進這間屋子看看，你會在乎些什麼？你沒有為它做過任何犧牲，你沒有出過一毛錢。你沒有布置過這裡的一切，所以你理所當然的會認為這沒什麼。你真的不在乎它。但是你的父母卻為此付出過，他們在乎，這就是矛盾所在。他們希望屋子看上去會漂亮些、整潔些。當然，他們是愛你的，希望這一切能為你創造一個良好的學習與生活的環境。但他們也希望你能認真對待，他們如此辛苦為你所提供的一切。

為什麼我的父母總是讓我把東西收起來？

假設一下你的父母在 35 歲時，買了他們的第一棟房子，並決定在前院種上灌木叢，使它看上去更別致些。那時他們剛剛付完房子的頭期款，所以手頭很緊，但為了種灌木叢，他們必須得買把鏟子。於是他們去了一間家具店，花 100 元買了一把。

這把鏟子確實發揮了不小的作用。但有一天，當你的父母正在使用它的時候，電話鈴響了。這分散了他們的注意力，結果鏟子被忘記收起來。第二天是星期一，它仍被置之室外。接下來的幾天都是如此。最後可能會出現兩種情況：不是有一天當你父親回到家時發現它被人偷走了，就是數月後當你父親想起它時，它已經由於風吹雨淋而布滿了鐵鏽。不論出現哪種情況，你的父親都要花 100 元再買一把。這會令你們很生氣，因為那筆錢，除了用來買鏟子外，還有更多、更好的用途。

這類事情在你的生活中會重複出現 50 或 100 次，而當你為 50 或 100

件東西花上兩次錢時，你就會逐漸養成收拾物品的習慣。因為生活的經驗告訴你，這很重要。

每次當你的孩子把昂貴的玩具丟在院子裡或屋裡的其他角落（容易摔壞的地方）時，你總會感到無法忍受。你不想再花錢買這些東西，你幾乎為此而發瘋。你會不斷地提醒他把東西收起來，直到有一天他長大了，也買了一把鏟子，然後把它放在外面，接著他們幾乎為自己的孩子亂放東西而發瘋……這會無止境的循環下去，直至千百萬年。

當你不再亂花錢時，就會明白為什麼父母，總是讓你收拾東西，也會懂得該如何照料好自己的物品。

為什麼我的父母要聽那麼愚蠢的音樂？

如果你是個普通的年輕人，那麼音樂對你來說，就會很重要。你喜歡聽現在流行的各種音樂，流行音樂是流行文化的一部分，但這「聽起來還不錯」的流行音樂，卻存在著兩種怪現象：

▸ **怪現象之一**：上百萬的年輕人，幾乎在同一時刻熱衷於同一首歌曲。為什麼會這樣？「貓王」的音樂都不可能達到這種程度。為什麼加州的孩子會和上海、深圳以及英國的孩子，同時喜歡上同一種音樂？比如《鐵達尼號》（*Titanic*）的主題曲〈我心依舊〉（*My Heart Will Go On*）？這真是不可思議，但事實就是這樣。是否有什麼神奇的力量促使他們穿同一款服裝，看同一類節目，聽同一種音樂？這很難說。

▸ **怪現象之二**：在青少年時期，音樂似乎對你和你的朋友都很重要，但到了 30 或 50 歲時，你也許一點也不在乎這些東西，你只是仍然喜歡聽青少年時代聽過的歌曲，那是因為它們曾帶給你美好的回憶。

這兩種怪現象最終會導致出一種情況：你和成千上百萬與你一樣的青

少年，在年輕時都曾傾心於某種歌曲並對它們保留著清晰的記憶。隨著歲月的流逝，音樂對你已不再那麼重要，似乎大腦中接受音樂的部分，在青春期開啟後又再度關閉。不論你在十幾歲、二十幾歲時，聽到的是什麼，它們最終都會成為你的音樂，也是你那一時代的音樂，除此之外，其餘的樂曲都成了「愚蠢的東西」。

　　現在你正收集著屬於你的音樂，而你的父母卻在多年前就已停止這樣做。所以，他們至今仍沉浸於他們在青少年時代所喜愛的歌曲裡面，你認為他們聽的音樂很愚蠢，而他們對你也會有同樣的想法。但當你長大之後，你也會像他們一樣聽著你的孩子認為很愚蠢，但卻是屬於你的音樂。

為什麼我的父母對我衣著和坐姿很在意？

　　你的衣著和坐姿是你留給別人的第一印象，是別人判斷你這個人如何的兩大標準。你的父母希望你能獲得成功，但他們知道第一印象對人的成功是至關重要的，因此他們總是希望你外觀上能好一點。

為什麼我的父母對我在青少年時期是否會與人發生性行為很在意？

　　如果你讀了前面關於性和孩子的內容，那麼你就能明白你的父母為何會對此如此緊張，為何會有與你完全不同的觀點。你認為「性的感覺不錯」，因此想要去體驗；而他們則認為性的目的是繁衍後代，而且一個孩子的成長需要夫妻雙方的關愛，這對夫妻要有能力照顧自己和撫養孩子。因此你不應該嘗試性行為。你所看到的只是一時的歡愉，而他們所看到的是懷孕帶給你的長久的影響。你無法給孩子所需要的一切，所以你的性行為是一種不負責任的行為。這就是他們對此很在意的原因。

為什麼我的父母不准我整天看電視？

看電視是一種乏味的消遣，你的父母不願看你如此浪費生命，因為他們知道生命是短暫的。生命對於你比對你父母更有價值。他們已青春不在，而你卻還有很長的路要走。試著關掉電視，做些其他更有意義的事情。記住成功者不會整天坐在沙發上看電視。

為什麼我的父母總要把我當做孩子來對待？

讓我們看看你是怎麼來到這個世界上的。你的父母，或許在二十幾歲時就相愛了。你知道相愛是怎麼回事。他們沐浴在愛河之中，最後終於結婚了。他們開始度蜜月，快樂地生活在一起。他們夢想有個孩子，並開始為他的到來做準備。但他們對此毫無把握，這種狀況大約持續了 6 個月。最後你的母親懷孕了，他們感到無比幸福並欣喜的把這個消息告訴給其他人。他們期待著你的降生。在等待了九個月之後，你終於來到了這個世界。那一天是他們生命中最幸福的日子。你 —— 他們的孩子，是他們生活的中心。你無法想像出自己對你的父母和外祖父母來說，有多重要。他們無時無刻不在牽掛著你。

他們看著你長大、看著你吃東西、看著你學走路、看著你學說話、看著你上學，你成長的每一階段，都會給他們帶來無比的自豪感。

無論何時，他們都會把你視為孩子。他們會為你換洗尿布、會吻你紅潤的臉頰、會洗掉你在被子上亂畫的圖案、會為你綁鞋帶。

當你處於青春期時，TIM 會在你腦中形成。你會覺得自己是世界上最聰明的人。這使你想要獨立！然而，你的父母會認為你年紀太輕，在他們的頭腦中，幾年前，你還是個不用大腦思考的小寶寶，現在你竟然想要完全獨立？你是在開玩笑嗎？他們也要與每個父母都得面臨的問題進行鬥爭！他們是如此的愛你，但都不得不放開你，讓你走進外面的世界，成為

你自己。這的確太難了。另外，你的父母是站在一個長遠的角度來考慮這個問題的，而你只考慮到眼前，這當然會不可避免的產生許多分歧。

所有這一切，使你和你父母的關係變得一團糟。在他們眼中，你永遠都是個孩子，因此，如果你希望你的父母能把你當作成年人來對待，那麼你永遠都要使自己表現得像個成年人。如果你在孩子和成年人之間搖擺不定，那麼他們還是會把你當作孩子來對待。如果你真的能夠成熟起來並不時表現得像個成年人。透過讀這本書你能領會生活中的許多道理，它們會幫助你在各方面成熟起來。特別是在憤怒和建立高水準的洞察力上更是如此。透過經常使自己表現得像個成年人，你能夠改變你的父母對待你的態度，他們將會把你當作成年人來看待。

為什麼我的父母總是叫我去做事？

你的父母經常督促你去做功課是由於：

1. 你必須付房租，否則就會無家可歸。
2. 為了付房租，你必須要去找一份工作。
3. 你每週至少要工作 60 個小時，才能拿到最低薪資，這真是糟透了。因此……
4. 你必須找一份好工作。
5. 為了找一份好工作，你必須要上大學或參加其他特殊的培訓，只有這樣你才能學到真正的東西。
6. 為了上大學或參加其他特訓，你必須努力學習，並在升學考試中取得好的成績。
7. 你必須努力做功課，才能取得好成績。

做功課和做家事，都能教會你怎樣進行持續的工作，儘管有時你並不情願。每日八小時的工作能使你具備較強的工作能力。它會使你的大腦接受這種能力。做功課和做家事能幫助你儘快的做到這一點，並為你將來的工作，打下良好的基礎。你必須要有一份工作，你的父母正在為此替你做準備。

為什麼我和我的父母經常會發生衝突？

如果你想結束這種狀態，以下兩種方法，可能會對你有所幫助：

你先要試著抱持善念，再看看會發生什麼。但這是單方面的做法。你既然無法控制你的父母，那就試著控制你自己。在一個月內，你要盡量表現得像一個成熟、細心和高素養的人。不要亂發脾氣，不要破壞家裡的規矩。當你的父母要求你去做什麼的時候，你照做就是。如果你想得到什麼，就先去徵得他們的同意。如果他們說不行，你不妨回答：「我知道了。」這樣一來事情的發展方向，也許會令你大吃一驚。

請求暫停。你可以對你的父母說：「我很願意改善與你們的關係。我知道我們之間存在著很大的分歧與不信任。我很想找出一個解決的辦法，使我們彼此能夠坦誠相對並愛護和信任對方。那麼我怎樣才能做到這一點呢？」你不妨這樣試一次，看看會產生什麼樣的效果。如果事情沒有得到改善，那麼就再說一次。如果還是沒有轉機，那麼你就請他們讀一讀這本書，然後再聽聽他們對此的想法。也許這樣一來你們就不會再互相攻擊，而能夠融洽的生活在一起。

結論

你的父母與你一樣也是普通人。他們之所以會從不同的角度來看待這個世界，是因為他們有更多、更豐富的人生經驗。他們也曾犯過錯誤，也曾看到過別人犯錯。因此他們不希望你重蹈覆轍。而你使自己避免犯錯的

一個方法，就是多聽父母的話。如果你對他們所說的話感到很不理解，那麼就請他們解釋給你聽。你也許會從中學到很多有價值的東西。

沒有父母的愛培養出來的人，往往是有缺陷的人。

法則 26　商業的祕密

若想真的成長，請你學習飛翔、學習覓食、學習工作、學習受苦的日子！

這個充滿激勵競爭的世界是個商業化大都市。整個國家經濟的運行，都有利於那些想建立屬於自己商業王國的人，為他們提供了無數的發展機遇。透過建立自己的事業，你能夠挖掘出自己內在的諸多潛力。本法則將教你如何從小生意做起，在從小到大的發展過程中，你會對整個社會的運作方式有個更清楚的認知。

擁有自己的商業夢

在我們開始之前花一分鐘時間討論一下何為「商業夢」。什麼是「商業夢」？它意味著什麼？理解「商業夢」的一個最好的方式，就是去看看受貧窮限制的地方。例如，到墨西哥最窮的地區，印度的貧民區或者非洲的許多國家去看看，你將會發現人們都住在帶有骯髒地板的破爛小屋中，沒有自來水，沒有下水道，更沒有電。當地的人往往是吃了上頓，沒有下頓。人們都由於缺乏食物而發育不良，體型消瘦，個子矮小。孩子們看起來都很髒且常常挨餓。由於缺乏醫療設施，病死的人不計其數。那裡沒有人受過教育，因此他們既不會讀也不會寫。這是一種很悲慘的生活。對於生活在那裡的每個人和每個家庭來說，最重要的問題是他們對此無能為力，根本改變不了這種狀況。他們不能上學，學不到知識，找不到工作，買不

273

到食物，衣不蔽體，甚至是無家可歸。他們也不可能搬到其他的地方去住，更不可能要求政府來改善這裡的生活條件。對於這一切他們只有聽天由命。

而「商業夢」正好與此相反，這也就是為什麼世界各地的人們都在追求它的原因。世界的經濟很強大，很有活力。任何生活在一個高度商業化國家裡的人——甚至是依賴社會福利而生活——都擁有自來水、食物、衣服、房屋和醫療服務，而且這裡還有一樣更重要的東西：希望。如果你很窮，那麼在這個充滿機會的時代裡，在我們日益強大的國家裡，你完全有機會改變自己的生活狀況。你可以到學校去學習更多的知識，可以找工作，努力賺錢，可以到任何你想去的地方。對於每個居住在這個國家裡的人來說，都有可能存到足夠的錢買到自己所要的東西。更重要的是，這裡不存在限制你成功的因素。在這，任何一個有理想，有進取心的年輕人都有機會成為一名成功者。這就是「商業夢」。在這個夢想中，憑藉你的本領和技能，你就有無限的選擇的自由。

但更重要的一點是擁有自由也意味著承擔責任。如果你無所事事，那麼你也一樣會無家可歸。這是你無法抹殺的現實，也就是說有所勞，才有所獲。它意味著我們是有責任去盡最大能力來使用這種自由。

在這裡的任何一種環境下，都存在著成功的巨大可能性，你該為此而盡力嘗試。假設你是一名16歲的普通少年，生活在郊區。你特別不喜歡為別人工作，你更願意努力奮鬥且不怕承擔失敗的風險。如果這是你目前的狀況，那麼你很適合建立屬於自己的商業王國。自己做生意是你挖掘這個國家經濟潛力和實現自己夢想的最好途徑。這也是了解商業、社會、政府和經濟的最佳方式。作為青少年，自己做生意，你也許只能堅持一到兩年，但在這個過程中，你能夠學到許多有價值的東西，並為以後建立自己的事業，打下扎實的基礎。

商業機遇

作為一名 16 歲的青少年，有許多事情能夠幫助你決定做何種生意。首先，你可能沒有巨額的資金（錢）。因此你不能開一間汽車公司或鋼鐵鑄造廠。其次，你缺乏經驗，所以你只能從小生意做起。你還在上學，因此你只能在課餘時間做生意，而且你也不希望客戶出現「緊急情況」使得你無法上課。所以你希望在夏季或週末進行你的工作。從你個人性格的角度出發，你可能更願意獨立經營你的生意或與一個朋友合夥。看到以上這些限制因素之後，你會考慮經營何種生意呢？下面有七點建議：

> **到速食店做計時工**：到諸如肯德基、麥當勞這類的速食店去做計時工，這樣既可以不必整天占用你的時間，又可以賺錢，還可以獲得免費的午餐，接受團隊、行銷等一系列的培訓。

> **商品直銷**：你可以每天上完課的下午，或是週末去做各種商品直銷，比如你喜歡的化妝品、圖書、CD 光碟等。到各家辦公大樓或是商場去，這是一份既鍛鍊口才，又鍛鍊勇氣的工作，你的薪資也會隨著你的銷售額增加而上漲。

> **製作甜餅和蛋糕**：目前許多家庭都由於工作繁忙而抽不出時間烤製甜餅和蛋糕。因此在家的附近能買到新鮮的糕點是一件很不錯的事情。而且，有的家庭還要為孩子上學和家庭聚會準備糕點。你可以向這樣的家庭提供服務，或者到當地的農田市場上去售賣你烤製的甜餅和蛋糕。

> **家教**：許多有小孩的家庭，都需要一個家庭教師。但要找一個價格合理、值得信賴的定期家教，則具有很大的難度。因此，你可以向他們提供這種服務。這樣你既可以用到所學的知識，又可以為自己賺些零用錢或是學費，一舉兩得。

⁃ **清潔房屋**：如果你喜歡清潔工作且能做得很好，那麼為別人清潔房屋既直接又簡單。許多清潔公司需要僱傭一些臨時工，每週為他們工作一次或兩次。與此同時你可以為一些老闆洗車。

⁃ **為工作繁忙的人跑腿**：許多工作繁忙的人常常沒有時間去排隊取自己更換的執照，沒有時間購買所需的物品等。你可以為他們跑腿去做這些事情。

做這些生意最初的投資都很低。未來它們也會發展壯大起來，如果你有這種欲望的話。你也可以考慮其他的生意。看看你的鄰居們都需要些什麼服務。

商業中的成功因素

想創建和經營一家成功的企業，你需要做到以下四點：

你的產品或服務要能夠吸引客戶。

你要確保利潤，不能做賠錢的生意。

你要出色的完成工作以便能留住現存的客戶，而且他們還會把你介紹給其他客戶。

避免犯那些能毀掉你企業的致命的錯誤。

這裡的每一點都很重要，讓我們對此進行仔細的分析，以幫助你理解其中的重要性。

第一條，點出了客戶的重要性。沒有客戶你就賺不到錢，而尋找客戶是在做生意過程中，最困難的部分。你要出售那些人們需要的產品。例如，如果你在熱帶地區賣雪橇，那麼你可能找不到任何客戶。

第二條，講到了利潤。你成立企業，做生意的目的就是賺錢。如果你的企業不能盈利，那麼它就是慈善機構，而不是企業。你要設定好價格並

控制住成本，以便於銷售利潤能夠牢固的支撐住你的企業。如果你無法盈利，那麼你的企業很快就會從商場上消失。

第三條，談的是挽留客戶。如果你的工作不能令客戶滿意，那麼他們不是拒絕付款就是不再光顧你的企業（還至少會帶走另外一名客戶）。無論發生哪種情況，你都會損失慘重。

第四條，警告你不要犯下致命的錯誤。否則你的結局會很慘。例如，你可能：

在速食店打工時，你少收了顧客錢。

家教時，沒有讓孩子的學習成績有所提高。

為一家公司做業務，但卻因為你的原因造成了一筆可觀的業務流失。

在這三種情形中，你的顧客有權就你的疏忽提出控訴。這樣的訴訟案件會浪費掉你大量的時間和巨額的金錢。在做生意中，如果你不夠細心，那麼你不僅要承擔巨大的風險，還可能會遭受難以估計的損失。

介入商業的最好方法

由於你是個新手，因此學習經驗和避免犯錯的一個最好的方法，就是到與你開類似企業的老闆那裡打工。例如，如果你計畫開一間草坪整修公司，那麼你可以先到一間同樣的公司裡去工作一個夏天，看看他們都使用些什麼樣的設備，迎合哪些客戶，他們在工作上的花費和出現的問題。如果你想做家教，那麼不妨到一些技能培訓中心去工作一段時間。如果你想去做產品直銷，那麼你最好先看一些有關的書籍並試著從你熟悉的人開始，或者你跟隨一些有經驗的銷售員看看他們是怎麼做的。當你要嘗試去建立自己的企業時，你所學到的做生意的技巧和發現的問題，都是對你十分有價值的。

前文中的「草坪養護公司」是一個很好的商業範例，簡單易懂。開這樣的一個公司你需要投入一些錢來購買設備。這種作為原始資本的設備，將使得商業計畫這部分很有趣。在開養護公司中，我們提及的各種技巧，對開其他類型的公司也很重要。

失敗的計畫意味著計畫失敗

如果你想很衝動的就去做生意，那麼很快便會失敗。至少它不會達到你所期待的那種程度。很可能你的資金中途會發生短缺。有一句格言你可曾聽過：「失敗的計畫意味著去計畫失敗。」這句格言適用於任何商業投機。商業計畫的目標就是預先理解如何對企業進行經營管理，精確的預測出你的成本，以便於你能夠合理的為自己企業所提供的服務定價。商業是少數幾個能夠準確的預測未來的領域之一。透過制定商業計畫你能夠提高預測的準確性，而且你成功的機率也會隨之增加。

讓我舉個例子來告訴你商業計畫能向你提供哪些資訊。我還記得自己第一次做生意時是六歲。那時候每天都有一輛霜淇淋車在我家周圍轉。我覺得自己可以用更低的價格出售霜淇淋。於是我動手製作了一些霜淇淋，它們嘗起來還不錯。我賣二毛五一份，結果我幾乎沒有賺到錢。一週之後，我對此感到很厭煩，於是便結束了我的生意。

為什麼我會賺不到錢？因為我在做生意的過程中，沒有很好的計算過自己的成本。如果我真的要從頭開始做霜淇淋生意。那麼我需要有：

1. 一臺冰櫃

2. 放冰櫃的地方

3. 冰櫃的動力來源

4. 模子

5. 糖和香料

6. 水

7. 包裝

8. 某種運輸工具（像一輛卡車）

　　所有的東西都要花錢，它們都是成本。這些成本都要算在價格中，除此之外還要有一點利潤，因為我的勞動也有價值。機器設備和與之有關的費用、廣告費、意想不到的長期開銷：像維修費、保險費、營業執照等，所有這些加在一起構成了總體成本。那些剛剛邁入商界的新手往往易於忘記這些隱含的成本。所以他們常常出現虧損。商業計畫能幫助你，找出這些成本並依此定出價格。

　　下面還有一個例子。假設你成立了一間服務公司。一位顧客在路上打電話給你，請你到購物中心去為她的侄女買一份結婚禮物。你開著你的微型麵包車跑了 20 哩到購物中心，買到禮物後你開車回來，共用了 1.5 小時。你向顧客收取了 38 元的服務費，並認為自己賺了很多錢。然而你漏掉了一些事情。一個是汽油和汽車的使用成本，平均每輛車每哩磨損 5 元。如果你買過汽車（15～25 萬）汽油，換過輪胎，付過維修費，那麼你會對此有所了解。按 1 哩 5 元計算，僅僅從汽車成本來說你就該收取顧客 100 元。再加上時間的成本，你至少要收 108 元。其他沒有算進來的成本有廣告費、電話費，等等。另外你基本上還要為自己領一份最低薪資。這對你來說，是很合適的。你也許願意在課餘時間作一些生意，賺一點零用錢。透過對上述各種成本的分析，我們可以看到你應該向你的顧客收取 150 元。但他願意付這筆錢嗎？可能不願意，這對你所從事的生意的可能性做出了講解，也向你提供了有關的價格和客戶類型的一些資訊。

重要的商業關係

　　你是否曾注意到許多有錢人的孩子，將來也會成為非常有錢的人？這不是偶然現象。一個原因是：有錢人建立了許多重要的商業關係。並努力使這些關係持續到下一代。假設有一個富有的父親，他和妻子培養他們的孩子尊敬成年人並訓練他與成年人自如交談的技巧。這種訓練在孩子很小的時候便開始了。也許這個父親帶朱尼到銀行去時他才 10 歲，父親把朱尼介紹給那裡的每個人，帶他參加午餐聚會，在十年當中他每月都會這樣做一次。當朱尼 20 歲時，他需要一筆貸款。於是他僅僅是走進銀行與老朋友談談，便立刻得到了這筆貸款。這公平嗎？當然公平。這裡面沒有什麼不公平的地方。沒有什麼能阻止你與銀行建立私人關係。除非你從沒設想過要這樣做。

　　你是否聽過這句話：「你知道些什麼並不重要 —— 重要的是你都認識些什麼人。」這句話很正確。你從現在開始就要多與人接觸。

　　這個貸款行員，可能會因為你年輕而不重視你，她漫不經心的聽你講了五分鐘後，很禮貌或很粗魯的拒絕了你。如果真是這樣，你要做的就是馬上走開並忘掉這一切。這種情況發生的機率只有 25%。這沒有什麼特殊的意義，你對此不必難過，不必沮喪。詹森夫人不知道自己在做什麼，她可能忽略了很多事情。你所要做的就是馬上走開，下週再找另一家銀行。像大多數人一樣，你會覺得很苦澀，兩到三天後你會忘掉這一切。不要把時間浪費在怨恨上，你還有許多更重要的事情要做。

　　另一種可能性是詹森夫人對一切瞭若指掌。她知道你很年輕，想學習經驗，還很誠實。並想以成年人的方式講話、做事。她也許會向你提供幾條很有價值的建議。例如，她可能會說：「約翰，我很欣賞你所做的一切，但是很遺憾，因為兩個原因我們無法向你提供貸款。第一，你沒有信用紀錄。第二，由於你目前還在上學，所以你不能把時間全部用在生意上。這

會增加你的風險。而且，銀行的負責人也不會同意給你這筆貸款，除非你的父母也能在上面簽名。但是你的建議很不錯。你的金融分析也很好。如果你願意找你的父母來，我們也許還可以再商量一下。」

結果你還是拿不到貸款。但是你獲得許多有價值的資訊。你知道你的商業計畫做得很好，這令你對自己更具信心。

在爭取貸款的過程中，重要一點是你不能令自己很尷尬。如果這使你很不舒服，那沒關係 —— 成功的關鍵，就是要有勇氣面對困難並透過實踐來克服困難。

經營你的企業

你或者從銀行貸款、或者從你的父母那裡借，現在是你開始自己經營生意的時間。你要去購買設備和制定商業計畫，要去做廣告，與客戶簽約和為他們割草。

在經營企業的同時，你要細心的做好記錄。記好你花掉的和賺來的每一分錢。你要為客戶寫好收據。你可以去買制式收據。你要把所有的錢都存入銀行。在需要時才提出來。把錢存入銀行，便於你做好記錄。

有一件重要的事你要記住：一定要履行對客戶做出的承諾。否則你的公司難以長久存在。

另一方面，如果你不斷地向客戶提供高品質的服務，那麼客戶們將會對你的所作所為感到很高興。他們會把你介紹給他們的朋友。很快你的生意就會興旺起來。這就是你從做生意中獲得的快樂。

結束語

　　這本書內容豐富。其中有大量的案例、建議、練習和許多要求你思考的東西。如果你能夠花時間仔細閱讀，那麼你會從中獲得很多有價值的資訊。你會了解到許多生活中不變的事實、個人成長法則和這個世界的運作方式。也許接下來你會問這樣的問題：「下一步我該怎麼做？我該怎樣做才能成功？我如何才能把書中的一切融入到現實生活中？」

　　首先你要意識到自己一定會成功。如果你能為自己設立目標；如果你肯努力奮鬥；如果你對自己的人生和行為有強烈的責任感，那麼你就會獲得成功。這其中有歡樂也有痛苦，但如果你能堅持走完全程，那麼成功與快樂一定不會捨棄你。

　　然後你要明白這需要時間。因此你要找出最重要的一個或兩個目標，向著它們不斷努力。例如，你可以從書中尋找目標。如果你想幫自己更有自信，那麼你就去閱讀關於自信那條法則的內容，然後試試裡面的建議。如果你想實現些什麼，就去看設立目標那一條法則。

　　我希望這本書能幫助你理解身邊的世界，更希望在你讀過此書後能像成年人一樣變得快樂與成功。記住引言中的話：你能選擇成為你理想中的樣子，在通往成年人的道路上，你需要牢記這些事情，使你不會偏離方向。只要堅持正確的方向，你終會達成自己的理想。這就是開啟成功大門的鑰匙！

現實社會就是這樣，別活在自己的想像！

工作事業 × 婚姻與愛 × 金錢崇拜 × 生活千面，小時候的幻想多美好，成人世界為何如此糟？

編　　著：[加] 孔謐

發 行 人：黃振庭

出 版 者：崧燁文化事業有限公司

發 行 者：崧燁文化事業有限公司

E - m a i l：sonbookservice@gmail.com

粉 絲 頁：https://www.facebook.com/
　　　　　sonbookss/

網　　址：https://sonbook.net/

地　　址：台北市中正區重慶南路一段六十一號八
　　　　　樓 815 室

Rm. 815, 8F., No.61, Sec. 1, Chongqing S. Rd.,
Zhongzheng Dist., Taipei City 100, Taiwan

電　　話：(02)2370-3310

傳　　真：(02)2388-1990

印　　刷：京峯數位服務有限公司

律師顧問：廣華律師事務所 張珮琦律師

定　　價：375 元

發行日期：2023 年 07 月第一版

◎本書以 POD 印製

國家圖書館出版品預行編目資料

現實社會就是這樣，別活在自己的
想像！工作事業 × 婚姻與愛 × 金
錢崇拜 × 生活千面，小時候的幻
想多美好，成人世界為何如此糟？
/ [加] 孔謐 編著 .-- 第一版 .--
臺北市：崧燁文化事業有限公司，
2023.07
面；　公分
POD 版
ISBN 978-626-357-488-5(平裝)
1.CST: 人生哲學 2.CST: 自我實現
3.CST: 成功法
191.9　　112010214

電子書購買

臉書